No one is perfect!

Erica

ニューヨーク流
ポジティブに生きる方法

エリカ

廣済堂出版

はじめに

どん底に落ちても、乗り越えられる！

「もっとポジティブになりたい」

いつも小さな出来事に振り回され、ネガティブに考えてしまう自分を変えたい。

でも、どうすればそれができるのかと、悩んでしまうことはありませんか？

・上司に怒られ、仕事のできない自分が悲しくて立ち直れない
・あんなことを言わずに「黙っていればよかった」と、後悔が消えない
・自分は「不幸せな人」に見られているのではと心配になる
・最近友人からの連絡が減り、「嫌われることをしたのだろうか」と気になる

このように、ひとつの出来事を悪いほうに考えはじめると、どんどんネガティブに引っ張られ、自分の中で増大しはじめます。

けれども、たとえばニューヨークの女性たちはすごくポジティブです。

- **上司に怒られ、自分の不注意がわかった。なんてラッキーなのかしら**
- **私の意見は通らなかったけれど、次はもっと言い方を論理的に変えてみよう**
- **私を「不幸せな人」と見る人がいたら、その人が不幸せなんだわ**
- **友人からの連絡がないのはがんばっている証拠。私から連絡してみよう**

同じ出来事が「ポジティブ」にも「ネガティブ」にもなるのは、その人の心の持ち方次第なのです。

私は単身ニューヨークへ渡り、自ら開拓しながら起業し、大切に育てた事業を売却、そして再び起業しました。

一見華やかな響きですが、実際はそうではありません。何ひとつ順調に進まず、

「もうダメだ……」という瀕死の状態から這《は》い上がり、またどん底に転がり落ちるの連続です。何もかもが厳しいいばらの道ですが、壁を乗り越え明るく元気に生きているのは、ニューヨークで出会った人々から、ポジティブに捉える方法を学び、幸せに生きるヒントを得てきたからなのです。

ネガティブになるのは、自分の人生の主役を他人に譲っているから。

自分が人生の主役なのだと気づけば、失敗を恐れたり悔やんだりせず、どんな出来事にも感謝や喜びの気持ちが芽生え、前向きになれます。

この本では私がニューヨークで学び、実践することで本当の幸せを手にできた「ポジティブに生きる方法」をお届けしたいと思います。

読み終えたとき、あなたはさわやかな気持ちに包まれ、「よし、ポジティブになれた！」と笑顔に包まれるでしょう。

目次

Part 1

ニューヨークで学んだ「弱い自分」の乗り越え方

Part 2

ニューヨークの女性が芯から美しいワケ

Part 3

ニューヨークが教えてくれた夢をかなえる方法

Part 4

ニューヨークで見つけた人生を幸せに生きるための言葉

本文写真／エリカ　デザイン／太田玄絵　編集協力／大西華子
校正／長田あき子　ＤＴＰ／三協美術　編集／江波戸裕子

Part 1

ニューヨークで学んだ「弱い自分」の乗り越え方

1.

ニューヨークの女性の心のコントロール方法

ニューヨークで1日に何度も耳にする別れ際のあいさつに、「Have a great day.」「Have a good one.」（今日もいい1日をね）があります。

週末には「Have a nice weekend!（よい週末をね）」と言います。

家族、友人、知人、バスの運転手さん、職場の人たち、ショップやレストラン、銀行など、あらゆる場所で「今日もいい1日をね！」と言えば、相手から「Thank you. Same to you.（ありがとう。あなたもね）」と返ってくるのです。

このようなあいさつが1日に何度もあると、たとえ毎日つまらないことだらけで最悪の気分に包まれていても、幸せに感じるものです。心のモヤモヤが消え、明るい気持ちが戻ってきます。

ニューヨークの女性たちが、いつまでもグチグチ悩んだり、怒りを抱き続けたり、落ち込んで泣き明かしたりしないのは、心のコントロールが上手だから。それに役立っているのが、**ポジティブな気持ちになれる「声がけ」**です。

私も誰かに声をかけてもらうばかりではなく、自分で自分に声がけもしています。たとえば朝起きたときや、寝る前の小さな声がけを習慣にすることで、自分の気持ちをコントロールできるようになります。

たとえば、いいことなんてひとつもなかった1日であっても、寝る前に、

- **今日はいい１日だった**
- **今日は楽しい１日だった**
- **今日は幸せな１日だった**

FRESH HOT
rench Fries
Premium Quality
Boss
LADY
HAPPY
PILL
250,000 mg

このように声がけすると、最悪の中にも存在する「いいこと」が浮かんできます。それを思い出せば、心の中に幸せがふわっと広がるのです。

今日のランチがおいしかった、朝の通勤電車でラッキーにも座れたなど、どんなに小さくても、「いいこと」は必ずあるものです。

どんな1日でも「終わりよし」にして眠りにつくことを意識すれば、ベッドの中で薄暗い天井を見上げて不安に包まれることもなくなります。

そうすれば、心地いい眠りにつけますよね。

誰にでも心が乱れる出来事は起きます。

心を無理矢理コントロールするのではなく、不幸せな気持ちが静かに消え、幸せが心に広がるきっかけを、意識して作っていきましょう。

2.

ニューヨークの女性の気持ちの上げ方

ある日、友人のオリビアから「フロリダの家族が遊びに来ているので、いっしょにディナーを食べよう」とホームパーティーのお誘いがありました。

私は「デザートにチーズケーキを持っていくね」とオリビアに伝え、ニューヨークで一番有名なスイーツ店・ベニーロで、見た目が可愛い「ストロベリーチーズケーキ」を買いました。

オリビアのご両親とお姉さんファミリーの総勢6名に迎えられた私は、初対面とは思えないほど楽しい時間を過ごし、あっという間にデザートタイムになりました。

しかし、なぜかストロベリーチーズケーキは登場せず、ファミリーは近くのホテルへ帰っていきました。

私は後片付けを手伝いながら恐る恐る「どうしてデザートを出さなかったの？」とオリビアに聞きました。

すると、「ごめんね。みんなストロベリーアレルギーなの」と、彼女が言ったのです。

私はハンマーで頭を殴られたような気持ちになりました。私が勝手に「チーズケーキ」を「ストロベリーチーズケーキ」に変更したために、デザートのないディナーになってしまったのです。私は取り返しのつかない大失敗をしたことをオリビアに謝りました。

すると彼女は私の目をのぞき込んで、**「No One is perfect... that's why pencils have erasers.」**と言ってニコッと笑いました。

この言葉の意味は**「完璧な人なんていない。誰だって間違えたり、失敗したりするもの。だから鉛筆には消しゴムが付いているんだよ」**です。

そのとき、他の友人たちもよくこの言葉をかけてくれることを思い出しました。ニューヨークの女性たちがパッと気持ちを入れ替えられるのは、「完璧な人なんてどこにもいない」ことがわかっているからです。

完璧でない自分を責めたりせず、自分の不完全さを認めているのです。そして、悪い側面ばかりに着目せず、意識して良い側面に焦点を当てます。

❖自分を肯定するニューヨーカーの考え方

たとえば私のチーズケーキ事件で説明すると――。

アレルギーに対する配慮は足りなかったけれど、確認しそびれることだってあるよね。誰も食べられないストロベリーチーズケーキを買ってしまったとはいえ、そこに着目するのはやめて、ニューヨークで一番おいしいベニーロのケーキを食べさせてあげたいと、タクシーを飛ばして買いに走った気配り満点な部分に着目しよう。

こう考えることで自分を否定せず、肯定できるようになります。

いつまでも落ち込んだり、自信喪失したりせず、「こんなこともあるさ♪」と楽観的に捉えられる人になっていけるのですね。

そうなったら、気持ちの入れ替えはチョチョイノチョイです。

それでも**気持ちが上手に切り替えられないときは、「No one is perfect!」と言いながら、太陽を見上げて大きな深呼吸をしましょう。**

すぐに元気な自分に戻れますよ！

3.

不安になったときはどう乗り越える？

頭脳明晰なスーパーエリートが世界中から集まるニューヨークには、ハーバード大学、コロンビア大学、イェール大学といった名門校を卒業した人がたくさんいます。

年収３０００万円が普通の給与水準といった業種もあり、ポジションが上がれば年収が億を超えるのも珍しくありません。

世界をリードするアメリカは、コーラのサイズからお給料まで何でもビッグなのだと、日本からやってきたばかりの私は大層驚いたものです。

うまくいけば、なだらかな右肩上がりどころか、ほぼ垂直に近い形で成功の階段を上がっていくのだろうと思っていた私に、友人のアンドレアが「それは違う」と言いました。

そして「垂直だからこそ、踏み外したら一気に落ちるんだよ」と付け加えたのです。

彼は失業して2年が経過していました。アメリカ最高峰の大学を卒業し、金融関係の仕事で億単位の年収を得て順調に階段を上がっていたにもかかわらず、不況や失敗でレイオフ（一時解雇）されてしまっていたのです。

彼の学歴とキャリアがあればすぐに再就職先が見つかりそうですが、そのような人がごまんといるのがニューヨーク。ここでは特別すごいキャリアではないため、再就職が難しいのです。

選ばれる条件を兼ね備えているのに選ばれない自分。それが1年、2年と続くなんて、どれほど不安を抱いているのかと私は陰ながら心配していました。

しかし、当人はケロッとしていました。

不安になるのは、自分で「不安の先に最悪を想定する」からです。未来は見えないにもかかわらず、そこに絶望を見るから不安に包まれるのですよね。

最悪かもしれない。でも最高かもしれません。

ならば、最悪論ではなく、「すべてうまくいく」とポジティブに捉えるほうが心が落ち着き、前を向いて進めます。

❖ 不安の陰にあるものとは？

不安は暗雲《あんうん》のようなものです。曇り空をながめながら「早く晴れないかな〜」と、まぶしい太陽が顔を出すのを楽しみに待つ心境を、不安になったときは思い出してみましょう。

「不安の後ろには、いいことが隠れている」と意識するのです。

すべてうまくいく。私は大丈夫。この調子でがんばろう。最悪を考えはじめる

マンハッタンとブルックリンを結ぶ、ブルックリンブリッジ。

自分を制して、前向きになる言葉を自分にかけましょう。そして、いいことが起きた自分、乗り越えた自分をイメージし続けます。

アンドレアは3年目に再就職を果たしました。今までよりも高待遇です。もしも解雇されずあのまま働き続けていたら得られなかったポジションと年収を手にし、「こうなると思ってたんだ!」と、うれしそうに微笑みました。

この精神を私も見習い、不安に包まれたときはそこに最高の結果をイメージするようになりました。

イメージすれば実現できるのですよね!

4.

悩みや苦しみを忘れるにはどうしたらいい？

年に2回開催されるニューヨークファッションウィークが近づくと、オーディションに向かうモデルたちを街でよく見かけるようになります。

ある日、ランチを買うため、パークアベニューにあるデリに向かって歩いていると、ブック（自分の個性や表現力、実績を映し出す写真をまとめたフォトブック）を大切そうに胸に抱え小さなリュックを背負ったモデルが、私の目の前を早足で通り過ぎていきました。

10等身の小さな頭にスラーッと伸びた長い手足。ただ歩いているだけで圧倒的なオーラを放っています。

その後、私がデリでサーモンとクリームチーズのベーグルサンドウィッチを注文し、出来上がるのを待っていると、後ろから「ハイ、エリカ」と聞き覚えのある声がしました。

立っていたのはアスレジャー（ジムウェアを中心としたファッションスタイル）に身を包んだファッションモデルの友人、アドリアーナでした。彼女の所属するモデル事務所と私のオフィスは近く、初めて出会ったのもこのデリの前です。

彼女はいつもと同じライ麦パンの

アボカドトーストを注文し、いっしょにランチをとることになりました。

この繁忙期にのんびり座ってランチを食べているということは、おおよそアドリアーナの状況が予想できました。きっと、ほとんどのオーディションに落ちてしまったのでしょう。

容姿と歩き方、ブックだけで合否が判定される世界は、「拒絶（されること）」がつねにセットになります、これはファッションモデルだけが知る深い苦しみだと思うのですが、アドリアーナはいつも言います。

「無心になれるものを持っていれば、悩んだり苦しんだりしない」

❖何もかもを忘れるのが「無心」

無心には「寝るのも食べるのも忘れて打ち込む」という意味があります。

その状態は自我を意識していません。

たとえば、何かに無心に取り組んでいるときは、お腹が減った、眠たい、会社がつらい、彼から連絡がなくて不安でいたたまれないといったことを忘れられます。悩みや苦しみから自分を解放できるのです。

無心になれるものを持ちましょう。趣味、仕事、興味のあることなどから、何かひとつでもいいので、見つけてください。

たとえば、塗り絵、楽器の演奏、パン屋さんでのアルバイト、通訳、ハイキング、得意なメイクに関するブログをはじめてみる……。

時間を忘れて没頭できることを日常に加えるのです。

私も、仕事や趣味に集中しているときはいつも無心です。たとえば朝のランニング、空手の稽古、最近はじめたばかりの絵手紙を書いているときなど――。

また、**無心になれる人は、邪悪な心を追い払うことも上手**です。これは人生を軽やかに生きる術《すべ》のひとつになります。

アドリアーナの場合は、無心になれるワークアウトを1日3回しています。言葉を変えれば1日に3回悩みや苦しみを忘れる時間を自分に与えているのです。

アボカドトーストを食べ終え、「じゃあまたね！」と明るく元気にデリを出て行った彼女の後ろ姿は、通りで見かけたモデルさんと同じく美しいオーラを放っていました。翼の折れた悲しい白鳥ではありません。きっとモデル事務所の帰りに無心でワークアウトしてきたのでしょう。

無心になれるものを持っていれば、いつも心が安定し輝いていられるのですね。

5.

弱い自分を変えるには？

いつも周囲に気兼ねして自分の意見をハッキリ言えない自分を変えたい。怖いけれど、1歩前に踏み出したい。でも、どうすればいいのかわからない……。どうすれば強く生きることができるんだろう……。もっと強い自分になりたい……と思うことってありますよね。

実はニューヨークに住みはじめたばかりの頃、私も気兼ねして自分の意見をはっきり言えない弱い部分に悩んだ時期がありました。

ある日、アパートの廊下の電球がチカチカしていました。ちょうど私の部屋の

玄関扉の前だったので、管理人に交換してほしいとお願いしました。

しかし、当日も、翌日も交換してくれませんでした。「早く交換してください」とひと言催促すればいいのに、それができなかったのです。そしてついに電球はプチッと切れ、廊下が薄暗くなってしまいました。

でも、私はこの状況に安堵しました。今度こそきっと誰かが電球交換を頼んでくれると思ったのです。

そんな矢先、エレベーターでいっしょになった隣人から、私が切れた電球をそのまま放置していると責められてしまいました。

私はこのときも、気兼ねして自分の意見を言えなかったのです。理不尽な出来事と、何も言えなかった自分に失望しました。そして、**今こんな弱い部分を変えなければ、この先、生きていけない**と思ったのです。

傷つくことを恐れないで

・どうすれば、強い自分になれるだろう
・どうすれば、少々のことではへこたれない自分になれるだろう
・どうすれば、怖くても勇気を持って一歩踏み出せる自分になれるだろう

私は何日も考え続けました。そして、これらは少しも難しいことではないと気づいたのです。

弱い自分を変えるには、場数と経験数を増やすことです。

ショックを受けたくないからと問題を避け続けると、いつまでもそこに恐れが存在します。一方、ショックを恐れず行動すると、傷つくことへの免疫力が高まっていきます。

弱い自分をコロッと１８０度変えて強くなろうとするのではなく、弱い自分に

場数を与えて、少しずつ強く育てていくイメージを持つのです。

私は自分の意見が拒絶されるのを怖がらないことにしました。

そのために私がしたのは、「はねつけられてもいいから言ってみようと思う」だけ。たったこれだけで、自分の弱い一面を払いのけることができました。

強くなるには、傷つくのを恐れず場数を自分に与えてあげることです。

するとある日、「強い自分」に変わっていることに気づきます。今までの悩みや不安が嘘のように感じられるでしょう。

6.

ニューヨークの女性は迷う自分をどう消している？

「ハンバーグもおいしそうだし、パスタも捨てがたい」。迷う私の横で、ウエイトレスさんが辛抱強く注文を待っている——。

このように、迷ってなかなか決断できないことはありませんか？

「迷う」とは心がビシッと定まらず、振り子のように左右にゆれ動く状態です。この振り子がピタッと止まる可能性は低く、いつまでもいつまでも左右にゆれ続けます。たとえ止まったとしても、それは中央でも右でも左でもありません。

時間をかけて迷っても、答えは出ないものなのです。

アメリカ映画のスーパーマーケットのシーンで、登場人物が棚の商品をポイポイとスピーディーにカートに入れていくのを観たことがありませんか？迷わずにパッパッパッと決断していく姿は、気持ちがいいものです。

私は「こういう人って実際にいるの？」と思っていたのですが、ニューヨークに来てそれが本当であることを知り、心底驚きました。

彼女たちは迷わないから決断がすごく早いのです。そして、これはお買い物に限らず、人生でも同じです。

❖ 負けてもハズレてもいい

ある日、友人のジェーンに「どうして迷わないの？」と質問してみました。彼女は60歳を過ぎてから素敵な再婚をした、人生経験が豊富で聡明な女性で、私のメンターのような存在でもあります。

彼女は私の疑問に深くうなずきながら、ニューヨークの女性たちに共通しているマインドを教えてくれました。

「A wrong answer is common. No anser is not ok.（間違った答えはよくある。でも無回答はよくない）」

要するに、「間違えてはダメ、正しい決断をしなくては」と思うから迷いが生じ、何も選べなくなります。

ジェーンは**「すべての勝者になろうとするから迷うのであり、負けたっていいと考えることで迷わない人になっていける」**と教えてくれました。

たとえば、パスタのほうがおいしいはずだと選んだものの、大ハズレだったとしたら「失敗した！　私は選択を間違えた」と気落ちするのは「勝者になりたい」マインドがあるからです。

しかし、「負けたっていい、ハズレだっていい」の精神があれば、迷わず決断できます。

たとえ満足できないお味でも「ミシュランのお店じゃないんだし、こんなもんでしょう」と思えます。

迷う自分を打ち消す方法は、勝者になろうとしないことなのです。

7. ニューヨークでは、失敗した人は勝ち組

かれこれ3年も同じことで悩み続け、同じ地点に立ち尽くしているという悩み相談を受けたことがありました。

人は失敗するのが怖くて、一歩が踏み出せないときがあります。

失敗が怖い理由は、失敗自体よりも、失敗した自分に恐怖を抱くからです。たとえば、こんなイメージです。

・両親などに「ほら見たことか」ととがめられる
・友人知人たちから白い目で見られる
・失敗で時間、お金、名誉を失い、何もなくなってしまう

・永遠に「失敗した人」というレッテルを貼られる
・人生負け組に属してしまう

失敗で得るのはマイナスばかりだから、成功の保障がないのなら何もしない、プラスマイナスゼロでいたほうがいいと計算する人もいるかもしれません。

❖「失敗続きでも何もしない人生より素晴らしい！」の考え方

失敗をネガティブに見るのは、日本のひとつの文化や風潮なのでしょうか。

アメリカ社会では「失敗経験があることを高く評価する」といった目からウロコの考え方があります。人生に大切なのは成長で、すべての物事は成長のために起こると捉えるのです。

「失敗するから成功できる」「失敗はひとつの貴重な経験」「がんばった人だけが得ることができる尊いものだ」と考えるのですね。

つまり、日本的な「勝ち組、負け組」があるとしたら、**アメリカでは失敗した**

人は勝ち組に属します。結果はもちろん大切ですが、結果を出せばいいというものでもなく、そのために何をしたのかが高く評価されるからです。

ノーベル文学賞を受賞したアイルランドの文学者、バーナード・ショーの言葉に、**「A life spent making mistakes is not only more honorable, but more useful than a life spent doing nothing.」**があります。

「間違いを犯してばかりの人生は何もしなかった人生よりもあっぱれであるだけでなく、役に立つ」という意味ですが、アメリカの考え方と同じですね。

私も失敗続きで落ち込むことはありますが、そんなときはこの言葉をいつも思い出します。

失敗は何かにチャレンジした証《あかし》、がんばって取り組んだ結果。怖くて尻込みした人や面倒くさがりの人にはない貴重な経験なのです。

F·A·O SCHWARZ

失敗が教えてくれること

失敗は楽観的になること、そして懐疑的になることをも教えてくれます。

また、自分のアイデンティティを確立するために欠かせないものでもあります。

失敗すればするほど、自分という人が確立されるのです。

たとえば失恋は失敗のひとつですが、ニューヨークでは失恋は盲目に陥らず相手をしっかり見る目や、理解する力を育んでくれると思われています。


失敗は成功にたどり着く唯一の道で、失敗という経験には自分をひとつ賢く、ひとつ強くしてくれる要素が詰まっています。

失敗をあざ笑う人は、失敗の真の意味や価値を知らない人、そして歯を食いしばって努力したり、チャレンジしたことがない人です。

失敗とは期待に背くことではなく、期待された結果を出すための過程です。

失敗続きの人生を歩む自分は着実に成長し、強く美しく輝いています。

失敗を経験した人には、道を歩き続ける者だけが得られる知恵がたくさん身についているのです。

ニューヨークの人たちはこれをわかっているので、「よし、この失敗を次に生かしてがんばろう！」と、前向きにチャレンジし続けられるのです。

8.

時には後ろを振り返ると幸運に出会える

電話会社との契約内容を確認するためにカスタマーサービスに電話すると、必ず「ただいま40分待ちです」と自動音声が流れます。いつも40分なのは、あきらめさせる作戦じゃないかと考えた私は、今日こそは40分待ってでも話そうと決意し、そのままオフィスから歩いて帰ることにしました。

待ち時間に流れている軽快な音楽と宣伝を聞かされながら5番街を歩いていると、ついに「次にご案内できます」とうれしいお知らせが聞こえてきました。

私は通りに面した静かなビルに飛び込みました。落ち着いて話せる環境を整えようとしたのですが、なんとここで、ブチッと電波が切れてしまったのです。

「プー、プー、プー」と悲しい響きとともに、1日の疲れがドッと押し寄せてきました。さっきまで軽快に歩いていた足が、まるで鉛でもぶら下がっているかのように重く感じられます。

「もう一度かけ直そうか、それとも今日はあきらめようか」

ビルの回転扉を手で押す気力すら失った私は、扉をお尻で押して通りに出て、家に向かってトボトボと歩きはじめました。

そのとき、「これ、あなたのじゃない？」と背後から声がしました。振り返ると、通りすがりの人が道に落としたらしいイヤホンを手渡してくれたのです。

「ありがとう」と受け取った瞬間、目の前の光景に息を飲みました。ライトアップされたエンパイアステートビルディングが、日暮れとともに発色を変えながらキラキラ光り輝いていたのです。

振り返ることで見つけた小さな幸せが、私の気持ちを一変してくれました。

「人生は前に向かってしか生きられないのだから、後ろは振り返らない」「振り返っても見えるのは、思い出と後悔だけ」と言われることがありますが、**背後に**

も幸せはあると気づかされたのです。

そういえば、大親友のアレックスとの出会いは、ニューヨークのパーティーで彼女と私が背中合わせの位置で立っていたことでした。私が振り返って会話がはじまり、仲良しになったのです。

ファッションモデルのアドリアーナとの出会いも、落としたペンを拾った彼女が「落としましたよ」と後ろから声をかけてくれたことでした。

幸せや大切な人との出会いは前だけとは限らず、後ろにもあるのですね。

ちょっぴり意気消沈する出来事があったときは、後ろを振り返ってみましょう。

自分を元気にしてくれる小さな幸せを見つけることができるかもしれません。

店先に咲くお花、一目ぼれするようなカッコいい人、美しい夜景、そして誰かが誰かに親切にしてる場面、可愛いワンちゃんなど、あなたの心に幸せを運んでくれるでしょう。

9. 自分らしく生きるために、時に「立ち止まる」

42丁目のブライアントパークで電車を降り、改札口に向かって猛スピードで歩いていると、壁一面のモノクロ写真が視界に入ってきました。

白いスカーフで髪を覆った美しい女性が、オープンカーから手を振っています。

「誰だろう？　何の写真だろう？　どうして駅に？」と、数々の疑問が浮かび上がったものの、立ち止まることはせず、そのまま改札を出ました。

翌日、再び同じ場所を通りかかったとき、同じ疑問が頭をよぎりましたが、先を急いでいた私はそのまま通り過ぎたのです。

しかし改札を出ようとした瞬間、振り返って写真をよーく見てみると、それは

Warhol
Post-War and Contemporary Art
CHRISTIE'S

マリリン・モンローでした。

私は改札を出るのを止めて写真の前に引き返しました。案内板には没後50年の記念に、ニューヨークで撮られた写真が期間限定で展示されていると書かれています。有名なスカートがまくれ上がっている写真や、ホットドッグを食べている写真など、マリリンの飾らない日常のワンシーンの数々を眺めていると、急いでいたなんてすっかり忘れてしまいました。

そして写真が気になりながらも立ち止まらなかった自分は、時間的・精神的ゆとりを失っているのでは……と考えました。

「スピーディーなニューヨークに急かされ、自分らしく生きることを見失っていない？」と自分に問いかけたのです。

❖ 意識して立ち止まる

「あれはなんだろう？」と思いながらも確認せず通り過ぎたり、「明日も通るから、明日見てみよう」と先延ばしにすることってありますよね。あわただしいときほど、いろいろなものを見過ごしてしまうものです。

「立ち止まる」ことは一見簡単なようですが、時間的・精神的余裕がないとできません。

時には立ち止まって、目に飛び込んできた美しいものを眺め、心と対話する時間を大切にしましょう。そして、「今の自分はこれでいいのか」「これから進む道はこれでいいのか」と、自分に問いかけてみましょう。

自分に問いかけるのを大切にすると、自分の人生の舵《かじ》取《と》りをしっかりすることにつながります。

時間は無限に広がっていますが、自分の時間は有限です。

どんなに効率よく生きても、人生に残された時間は増えることはありません。

限られた貴重な時間を自分らしく生きるために、ときどき立ち止まりましょう。

10.

ニューヨークの人たちは人生の岐路に立ったときにどうするか

誰にでも必ず存在する「人生の岐路」とは、その後の人生を左右する非常に重要な分かれ道です。

「この決断が自分の将来に大きな影響を及ぼす」となれば、未来が見えないだけに、考えるだけで怖くなるかもしれません。

私のこれまでの人生にもいくつかの岐路がありました。転職、渡米、起業、ブランド売却、再び起業、そして本を書くことも大きな選択と決断のひとつでした。

私のつたない経験の中で感じたのは、周囲の助言は、賛成もあれば反対もあると

W 64 St

いうことです。

特に日本では、致命的な打撃が少なそうな無難な道を勧める人が多いように感じます。こちらは決して「危なげない道はどっちだと思う？」と聞いているわけではないのに、安全そうな道を勧められてしまうのです。

そして**人間は不思議な生き物で、勧められなかった道が気になる**のですよね。結局、自分の中には答えが出ているもの。でも、決断するための小さなきっかけを求めて、周囲の人に相談してしまうのでしょう。

❖ 選択は避けてもまた訪れる

私がニューヨークで最初に起業を考えていたとき、石橋を叩き続けるばかりで渡ろうとしない様子に気づいた起業家の先輩で友人のエレーナが、決断の役に立てばと、素敵な言葉を教えてくれました。

「人は、運命を避けようとしてとった道で、しばしば運命に出会う」

（17世紀のフランスの詩人ジャン・ド・ラ・フォンテーヌ）

この言葉の捉え方はいろいろですが、エレーナは**「今、その選択を恐れて避けても、再び人生の岐路に立ったとき、その選択を迫られるときが来るものだよ」**と言いました。

自分が進みたい道は運命であり、幸せなめぐり合わせなのだと素直に受け取った私は、決意が固まり起業しました。

人生の岐路に立ち迷ったときこそ、心の声に耳をすまして自分で決断しましょう。強い意志や情熱が伴っていれば、どんな結果になろうとも後悔しません。

また、自分の幸せのための決断だと思えば、険しい道もルンルンと歩んでいけます。

11.

ニューヨークでわかった人生の答えの見つけ方

「時には、気心知れた仲間の輪から飛び出し、新しい人たちに出会える場所に行ってみるのはいいものだよ」

ブランチイベントのゲストスピーカーであるビジネスリーダーが、聴衆に向かって開口一番こう語りかけました。

ニューヨークでは、リーダーたちの成功秘話や失敗体験、仕事や人生に生かせるポイントを直接聞くことができるイベントが数多く開催されています。講話の中に自分が探し求めていた答えを見つけることもあり、私は彼の最初の一言に大きくうなずきました。

私の右隣には初対面のリネッテが座っています。イベントがはじまる前の自己紹介で、彼女の専門はマーケティングなのですが、それが本当にしたいことなのかがわからず模索中だと言いました。

きっと彼女も私と同じで人生のヒントを求めてやって来たのでしょう。

左隣にはいっしょに参加した友人のリリーが座っていました。彼女は数年前に全財産をかけて週末を過ごすカントリーハウスを購入したのですが、これが理想のライフスタイルだと気づけたのは、キャリアを磨きながら「何が自分の幸せなのか」をずっと長い間探し続けたからでした。

❖ 歩みを止めず、歩き続ける

ニューヨーカーは、自分は何がしたいのか、何が向いているのかを探しながら学歴とキャリアを磨き、つかめるチャンスの幅を広げながら生きています。焦らずゆっくり点と点をつなげながら、答えに近づいていくような生き方です。

探しても探しても、自分のやりたいことや人生の目的がなかなか見つからないときもあるでしょう。でも、**答えは必ずあります。**

ある日ちょっとしたきっかけでそれに気づいたり、ぼんやりしていたことが鮮明に見えてくる場合も。自分の中でモヤモヤしていたこととつながり、「これだ！」と浮かび上がってきます。

そのために大切なのは、

- **探すのをやめない**
- **考えるのをやめない**
- **新しい人たちに出会える場所に行く**

特に偉大な人の言葉にはたくさんのヒントが含まれています。

たとえばアメリカの有名大学、ハーバードやスタンフォードの卒業式で行われる世界をリードするリーダーたちのスピーチには、人生の答えを見つけるヒントがたくさん含まれています。

日本語の字幕がついているものもありますので、YouTubeで「commencement address（卒業式のスピーチ）」で検索してみるといいですよ。

12.

ニューヨーカーの厳しい言葉の裏側にあるもの

試練と対峙《たいじ》しているとき、信頼する人から助言や忠告をもらえるのはすごくありがたいことで、そこから苦境を抜け出す方法が見つかるかもしれません。

でも、受け取る側に素直な気持ちが欠けていると、厳しい言葉の裏側にある真意を見落とし、「意地悪な助言」とゆがめて捉えてしまうことがあります。

誰しもつらいときには周りに優しい言葉や癒される言葉を求め、傷口に塩を塗るような言葉はかけてほしくないものです。

しかし、あなたを本当に大切に思っている人の言葉がチョコレートのように甘くないことは、多々あります。

❖言葉の裏側に気づく余裕を持つ

私が本を出版することになったとき、信頼する人に喜んで報告したら予想外の言葉が返ってきました。それが、

「If you run after two hares, you will catch neither.（二兎を追うものは一兎も得ず）」

です。

私は「本業のかたわらにそんな大きなことをはじめたら、両方ダメになる」と忠告されたのだと、言葉のままに理解し大変落ち込みました。

そして、新しい門出に相応しい言葉を贈ってくれなかったことに腹も立ちました。

すると、この言葉の直訳はそうでも、裏には別の奥深い捉え方があることを別の友人が気づかせてくれたのです。

この言葉の真意は、

「二兎を失うことにならないように、慎重に集中してがんばって。エリカなら絶対できる」

だったのです。

何事にも表と裏が存在しますが、言葉の捉え方も同じなのですよね。

厳しい言葉の裏側には愛情や優しさが隠れています。

それに気づければ、言葉はお守りとなってくれます。

Part 2

ニューヨークの女性が芯から美しいワケ

13. ニューヨークの女性が自信にあふれている理由

友人のリサは金融関係の仕事のストレスから過食に走り、あれよあれよという間に100キロを超えてしまいました。

減量にチャレンジしては挫折の繰り返しがさらにストレスとなり、過食が進んで、入る洋服が1枚も無くなるほど体重が増えていったのです。

唯一心が休まるのは食べているときだけ。「食べてはダメだ」と思っても、止められなくなっていました。

彼女を愛する友人や知人は、プライベートなことだとわかっていても、彼女の心身の健康を心配し、減量を勧め続けます。

それがどれほど必要であるかを一番わかっているのはリサ本人です。毎晩鏡に映る自分の姿を見ては落ち込み、すっかり自信を失っていました。

これは見た目の自信という意味ではありません。決めたことをやり続けられない、すぐに挫折してあきらめてしまう自分に対して失望し、自分を信じられなくなってしまったのです。

仕事の小さなミスで落ち込み、恋愛に臆病になった彼女は自分の生きる世界を自らどんどん狭め、思考までもが小さくなっていきました。

そんな彼女が新年の誓いにダイエットを宣言し、3年かけて30キロの減量に成功しました。彼女は自分のめざす自分像を実現し、すさんだ内向きの思考もポジティブに変わったのです。

当初のリサはアメリカサイズの16号でしたが、新調する服はあえて今は入らない小さなものを先買いすることを私は勧めました。**夢は「見える化」することで**

モチベーションが上がるからです。

そして、自分一人で運動するよりもグループレッスンに入ったほうが挫折や言い訳を防げると思った私は、彼女に合いそうなジムを探し、体験レッスンをいっしょに受けました。

インストラクターの厳しい声がけや大声のカウントダウンでダレた気持ちがピシッと引き締まり、彼女は限界に挑戦する楽しさを知ったようです。

美しく変わっていくリサをサポートしながら、彼女がダイエットで手にした一番大きなものは、減量や見た目のキレイではなく「自信」であると気づきました。

スレンダーな美女になったという自信ではなく、「つらさや苦しみを乗り越えてがんばり抜いた」という自信です。

ニューヨークの女性たちがどんなことにも自信を持ち美しく輝いているのは、誰もが何かしらのがんばり抜いたものを持っているからなのです。

自分との小さな約束を守り抜く

私はニューヨークで空手に出会い、白帯から黒帯になりました。その間に受けた空手の昇級審査は20回近く。そもそも稽古が足りない、実力が伴わないと受けさせてもらえないのです。

仕事を理由に稽古を休んだことはなく、厳しい指導に悔し涙を流したこともあります。足の裏の皮がむけて歩けないほど痛くなったり、竹刀で叩かれ青あざができたりするなど、痛々しい有様でした。

それでもやめようとは思いませんでした。黒帯の先輩たちは誰もが同じつらさ・苦しさを越えてきた人たちです。私もがんばり抜きたかったのです。

黒帯への昇段審査に合格したときのうれしさは今でも忘れません。

私が得たのは証書や黒帯ではなく、目には見えないゆるぎない自信でした。

リサのようなダイエット、勉強、子育てと仕事の両立、日記を毎日書く、天候に左右されず毎朝走るといった、**自分との小さな約束を守り抜いて得る自信**を、私も得たのです。

これは、「こんなにつらいならやめてしまいたい」という思いが浮かんできたら、「あなたならがんばれるよ。自分を信じて！」と自分に声をかけ、逃げようとする気持ちを正しながら成果に結びつけてきた自信でもあります。

自信とは自分を信じることです。

「ほら、できた！」を増やせば、増やすほど自信はゆるぎないものになっていきます。

14. ニューヨークの女性の「本当の自分」の見つけ方

「本当の自分」を見つけたくて、旅行に出たり、セミナーを受けたり、新しい人たちとの出会いに力を入れている――。でも、がんばればがんばるほど「本当の自分」がわからなくなることは、ありませんか？

アメリカには**「You are not your job.」**という言葉があります。直訳すると「あなたの仕事があなたではない」という意味です。**背負っている会社の看板や役職が「あなたという人＝本当の自分」ではない**ことを教えてくれる言葉です。

たとえば、「本当の自分」はＳＮＳのフォロワー数、いいねの数、アップした自分の写真に入ったコメントの数、持っているブランド品や自慢できる友だちや家族、ラグジュアリーなライフスタイルなどではありません。

これらの自分に付随しているものすべてを取り除いたときにようやく見えてきます。

そして、次のような質問は、「本当の自分」を見つける手助けをしてくれます。自分の心に問いかけて、ノートなどに書き出してみましょう。

- **人生の目的は何？**
- **どんなふうに生きたい？**
- **どんなことをしているときがハッピー？**
- **大切に思っているものは何？**

P

これらの問いは、こんなことにも気づかせてくれます。

・**無意識にしているけれど、本当は好まない習慣**

例：ズボラな女にならないために洗濯や掃除の家事の予定を細かく決めてやっているけれど、本当はもっと大切なことに時間を充てたいと思っている。それに環境への優しさを配慮するなら洗濯の回数を減らし、ゴミを出さない工夫をするほうが大切だと気づいた。

・**ただ周囲に影響されてやっているだけのこと**

例：ヨガマットを抱えて歩いたり、自分専用ペットボトルを持っていると見た目がカッコいい。そんな印象を人に与えたいから、必要もないのに持ち歩いている。

・**無理している自分**

例：本当は経済的に豊かではないのに、華やかな人たちの輪に加わりたくて見栄を張って、疲れている。

すると、「失敗を恐れずチャレンジしながら人生を築いていきたい」と考えているのに、実際には「失敗したと周囲から評価されることに怯え、チャレンジを避けている」とわかったり、両親のことを大切に思っているのに、恥ずかしくて感謝の気持ちを伝えたことがないといった、理想と現実の自分がわかります。

❖「本当の自分探し」をする前に考えてほしいこと

ニューヨークの女性たちは、「本当の自分」探しをしません。なぜなら、**自分が何を求め、何をしたいのか、どう生きたいのかをいつも考えている**ため、「本当の自分」をよくわかっているからです。

答えがぼやけてきたときは放置せず、じっくり自分と向き合い答えを見つけていきます。

私も本当の自分を知っています。誰かに評価されることよりも、自己評価を大切に生きているのです。だから周囲の雑音に心乱されることなく、いつも安定しています。

本当の自分を知っているのは、他の誰でもなく自分だけ。そして、その答えは自分の中にあるのです。

15.

ＳＮＳの女性像にあこがれたときに知ってほしいこと

ニューヨークの街を歩いていると、たくさんのインスタグラマーがポーズを決めて写真を撮っているのを見かけます。

楽しい旅行の思い出のための１枚ではなく、最高の自分を演出し世界に向けて「今日の私」を発信する１枚のために、数百枚もの写真を撮っているのです。

彼女たちには自分をＰＲし、収入やビジネスチャンスにつなげていく狙いがあります。「写真＝商材」なのですね。

ＳＮＳの世界で輝く彼女たちは、光を放ち目立ってこそ「自分が広告」になるわけですから、盛ったり創ったり演出に手間をかけています。

華やかなライフスタイルや成功しているストーリーを綴《つづ》り、「私ってすごいでしょう？」とあこがれを抱かせるのは、マーケティングテクニックによるもの。**写真の撮り方や言葉選びなど、すべて計算の上に創られたもの**です。

これはたとえばビールのＣＭのように、今すぐ飲みたくなる泡立ちやのど越しを視聴者に伝えるために、さまざまな演出をするのと同じ。

この事実があらかじめわかっていると、目に映るものすべてが本当だとは捉えません。ＣＭを観るのと同じように客観的になれます。

ニューヨークの女性たちも、ＳＮＳの世界で輝く○○さんのファンということがよくあります。でも、その人にあこがれるというよりも、その人の技術に感心したり、センスが好きだったり、紹介している商品が好きといった、「リアルな部分にだけ」興味を抱くのです。

一方、日本では意図して創られている人物像を含めたすべてにあこがれを抱いてしまうことが多いようです。

このような**あこがれは、その人を客観的に見る目をくもらせてしまいます**。その人を全面的に受け入れ信じてしまい、自分と比べてその差にガッカリすることもあるでしょう。

ＳＮＳの世界は、現実と非現実が複雑にからみ合っています。目に映るものすべてを信じず、まずは遠く離れた地点から傍観するような姿勢であこがれの人を見ましょう。

その人は商材として創られた産物かもしれないことを頭の片隅に置き、チャンスがあれば自分の目で耳でその人を確かめましょう。

もちろん、実際にはＳＮＳの世界以上に素敵な人だったということもありますよね！

19
THE BUTCHER'S DAUGHTER

16. ニューヨークの女性の素敵な年の重ね方

お誕生日が近づくにつれ憂鬱《ゆううつ》になる、という人がいます。

昔はワクワクウキウキした自分のお誕生日が、気重な日に変わってしまうのは、増えていく数字に大きく関係しています。


年を取るのが怖いのは、少しずつ何かを「失っていく」感覚がどこかにあるからでしょうか？

たとえば、理想のライフスタイルとは程遠い現実に、「今さら、もう無理なのかもしれない……」といったあきらめや、ここ最近体力が落ち、疲れやすくなったと感じたり、鏡を見るたびにしわが深くなるようで、笑顔が減ってしまうようなことがあります。

ネガティブな気持ちは、ネガティブを引き寄せる魔力があり、どこかでこれを断ち切らないといけません。

ニューヨークの女性たちは、何につけてもポジティブです。

年を重ねるのは「失うことではなく、新しいものが増えること」という意識があります。また、それをワクワクする「変化」と捉えています。

たとえば、お肌の弾力やつやは、失われるのではなく、そのように変化するのです。これは「自然の摂理」で、「失う」を「変化」に置き換えて考えるだけで、気持ちはポジティブになります。

年を重ねるとは、新しい経験、思い出、宝物が増えていくことです。

たとえば、3年前に乗れなかった自転車が乗れるようになり、2年前に初めて

マウンテンバイクを買った。昨年はツーリングのチームに入り、楽しい時間と仲間が増えた――。

このように**「何か『新しい』を自分で意識して増やしていく」ことで、毎日がもっと輝き、人生がより豊かになっていきます。**

そしてなにより、いつまでも心が若々しくいられるのです。

❖保ちたいのは心の若さ

年をとることと、老けることは違

います。

日本の男性は年齢という数字で若さをはかり、若いほど価値が高いと考える人が大勢います。これをまともに受けると、若さを追いかけ、暴走してしまいます。

大切なのは、年齢の数字や見た目の若さではなく、心が若いことです。

実業家・サミュエル・ウルマンの有名な詩「青春」の一節にこのような言葉があります。

「希望があるかぎり若く、失望とともに老い朽ちる」

心が若いとは、夢や希望を持ち続けることです。今が青春だと思って生きることです。

このように生きられたら、永遠に年寄りにはなりません。

ニューヨークの女性たちの素敵なメソッドです。

17。

ニューヨークの女性は一人の時間を大切にしている

日曜日の夕方のカフェには「一人時間」の女性がたくさんいます。

そこは自分だけの隠れ家のようなお気に入りの場所で、インターネットをオフにして、自分の時間と空間を楽しむのです。

日本には「一人時間」を怖がる人がいますが、ニューヨークの女性たちは一人で過ごす時間を宝物のように大切にします。

誰にも邪魔されない**「自分のためだけに使える時間」**があるから、自分と向き合えるのです。

あわただしい日常の中で、ついつい置き去りにしてきたことに取り組んだり、新しいアイデアがわいたりするのも、このような時間です。

じっくり考えたり、終わらせたい仕事の続きをしたり、疲れているときには自分をいたわってあげたり、本当にリラックスできるのは一人の時間なのですよね。

また、肩の力を抜くことでエネルギーチャージにもなります。

❖ニューヨーカーの素敵な思いやり

ミッドタウンにあるブライアントパークはビジネスピープルの憩いの場所です。中央には大きな芝生広場があり、それを囲むようにたくさんの椅子と机が並び、カフェやオープンテラスのレストランもあります。

仕事の帰り道にこの公園に立ち寄り、コーヒーとともにしばし「一人時間」を楽しんでいる女性がたくさんいます。

決して暇だから、予定がないからそこにいるのではなく、この時間を楽しみに1日がんばっていると言えるでしょう。

もし**同僚がそばを通りかかっても、お互いの時間と空間の意味を知っているので、近寄っていって雑談したりはしません。**

目が合えばニッコリ微笑んで手を振る程度で、「一人時間」を尊重し邪魔しないのです。素敵な思いやりですよね。

私も「一人時間」を大切にしています。平日は友人たちと出かける予定を入れても、休日は自分との時間を最優先にします。

「一人時間」で大好きなのは美術館の特別展へ出かけることです。

そしてポストカードを買い、美術館のカフェで母にメッセージを書きます。このようなどうってことのない時間が自分にとっては最高に幸せで、心が安らぎます。おかげで仕事で「Ｎｏ」を何度突き付けられても、落ち込まない寛容さも養われます。

❖「一人でいる自分」を自分がどう思うか考える

あなたは一人でいることを恐れて、無理して誰かと楽しくない時間を共有していませんか？

「一人ぼっちのかわいそうな人だ」と思われたくない気持ちが、心のどこかにあるのなら、**人が自分をどう思うかよりも、自分が自分をどう思うかを大切に考えてみましょう。**

一人の時間を大切に尊重している人はいつも幸せです。自分と正面から向き合う時間の積み重ねが幸せな人生を築いていきます。

「一人時間」は、何にも縛られない最高に贅沢な時間なのです。

18.

ニューヨークの美しい人は人生を「上書き」する

街中がピンクや赤のハートに包まれるニューヨークのバレンタインシーズンは、お一人様でも気分が上がります。

アメリカのバレンタインデーは日本とは逆で、男性が女性にプレゼントを贈ります。ショップには女心をときめかすスペシャルギフトが用意され、シングルの女性にとってもショッピングが楽しい季節です。

ある日、仕事帰りに立ち寄ったバス製品のショップで男性客に交じってバスソルトを選んでいると、友人のジェシカから電話がかかってきました。久しぶりにみんなで集まろうというお誘いで、「2月14日はどう?」とのことでした。

既婚者の彼女がバレンタインデー当日を指定するはずはないと思った私は、「え?いつ?」と、思わず聞き返したのです。

ジェシカは「バレンタインデーの2月14日」だと、私の混乱を解くようにはっきりと言いました。

私はなんだか奥深い話が出そうな予感に包まれながら、「OK」と返事しました。

その日、起業家の友人たちが顔を合わすのは今年初めてだったので、「Happy New Year!」の乾杯からディナーがはじまりました。

ジェシカがなぜ、パートナーとバレンタインデーをお祝いしないのか、心の中に疑問を抱きながらの乾杯でした。

やがて、ジェシカが**「人生の上書き」**について話しはじめました。

人生とは未来に向かって生きるもので、時として「過去に自分が描いていた期

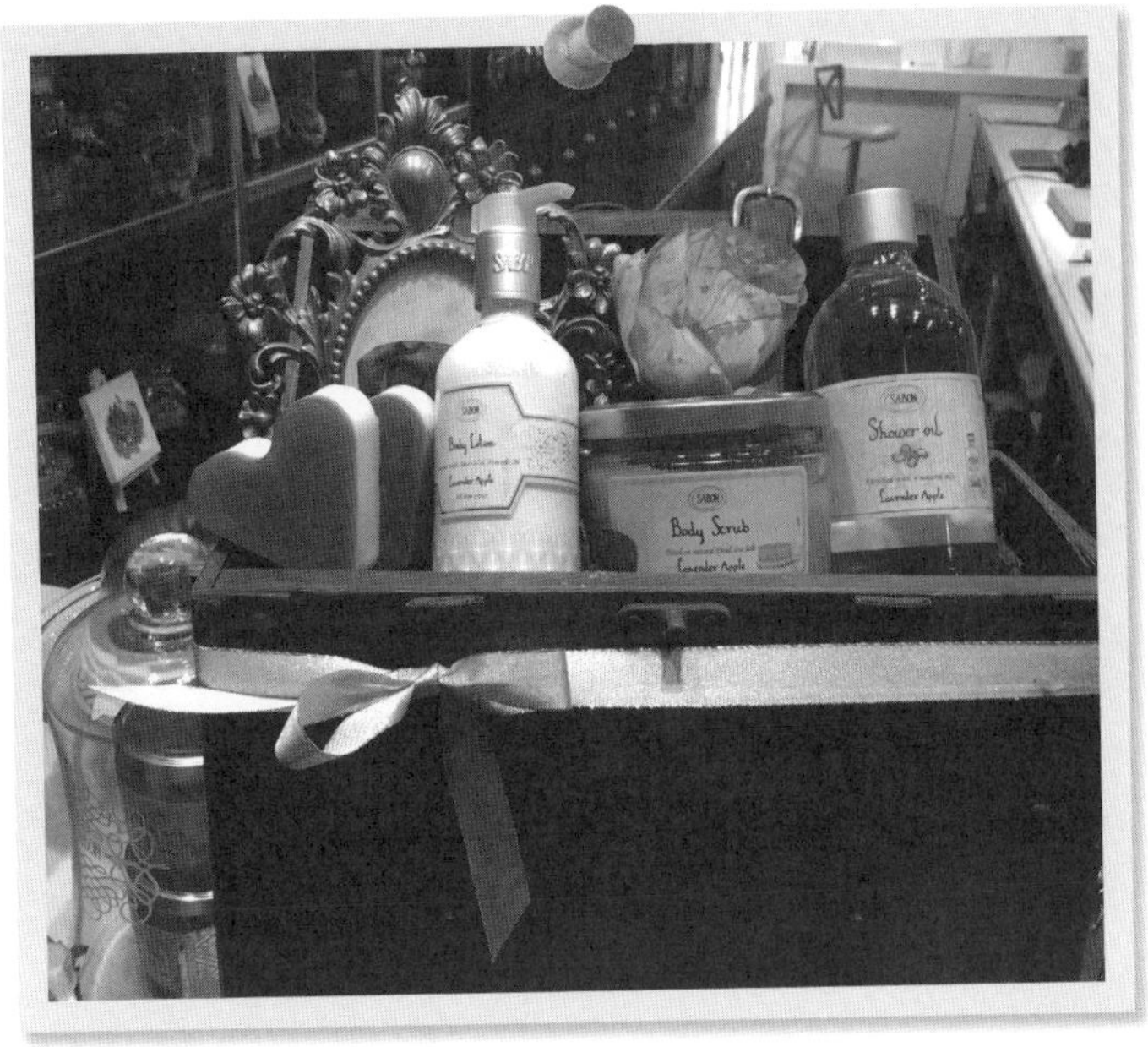
SABON
Body Lotion
Lavender Apple
SABON
Body Scrub
Lavender Apple
SABON
Shower oil
Lavender Apple

待は過去のものである。人生を歩む中で期待は上書きしていくものだ」という内容です。

「人生の上書き」は私にとっては目からウロコの話で、「なるほど！」と膝を打ちました。一方、ニューヨーカーの友人たちはすでに知っていたのか、「そうだよね。大切だよね」と激しく共感していました。

私はそのとき、**ニューヨークの女性たちが、何があってもへこたれず美しく輝いているのは、この「人生の上書き」をしているから**だと気づいたのです。

❖目標はつねに書き換える

夢や目標はどんどんアップデートされるものです。たとえば、5年前は起業家になる夢を描きがんばっていたけれども、運命の人に出会い、夢がその人と結婚して幸せな家庭を築くことに変わる場合もあります。

また、不妊治療に翻弄《ほんろう》される自分を解放して、子どものいないふたりだけの人生を選択したり、女優をめざしていたけれど、意地だけで夢を追い続けるのはやめようと決意することもあるでしょう。

時が経てば状況が変わり、めざす地点も変わるものです。それは決して悪いことでも、中途半端なことでもありません。

過去の期待は手放してもいいのです。それで、つかめる幸せがあります。


あなたは過去の期待に添う生き方に縛られていませんか？

自分が「今」めざしたいことのために、「新しい期待に書き換える」ことも大切です。人生を上書きしながら、過去にとらわれず未来に生きていきましょう。


その晩ジェシカは「過去の期待に添う生き方よりも、今自分が描く期待に添う生き方をしたいから、離婚することにした」と発表しました。

私たちは彼女の人生の上書きを褒め称え、乾杯したのでした。

19. 本当に幸せな人と、そうでない人の見分け方

「本当に幸せな人」と聞いて、どんな人を想像しますか？

・見るからに幸せそうで成功している
・注目を集めている
・いつも多くの人に囲まれている人気者
・自分のほしいものをすでに持っている

ほかにもいろいろ浮かんでくると思いますが、「本当に幸せそうだな」と感じる理由のひとつに、視覚からくるものがあります。

しかし、その視覚的判断の根拠は、メディアの情報や自分の感覚であり、実際

にどうかはわからないものです。

本当に幸せな人は、自分の幸せを表に出しません。**本当に幸せな人の印象は「幸せそう！」というよりも、いたって「普通&シンプル」**です。

なぜなら、幸せな人にとって幸せであることはごく普通の状態だからです。

自分の幸せはプライベートなことなので、他人にあえて知らせる必要はありません。

一方、**本当に幸せでない人は幸せに敏感**です。

周囲から「幸せな人だと思われたい」という気持ちがあり、見た目が幸せであることを重要視しています。

たとえば、誰もがあこがれるゴージャスなライフスタイルをアピールしたり、無理して購入した流行品に身を包んでいますが、ローン返済で首が回らなかったり、実際は返品しているようなこともあります。

見た目に幸せそうな人と、そうでない人は、逆であることが多いものです。

幸せそうな人が幸せや成功をアピールするのは、焦りや不安による行動だったりします。

実際には、控えめで普通の人が、本当は大成功者で経済的にも心理的にも幸せに包まれていることが多いのです。

本当に幸せな人は、見た目で判断されることを恐れません。そして、見た目でその人の幸せをはかることもしません。

本当に幸せな人は「自分軸」で生きているのです。

20.

ニューヨーク全体がポジティブな理由

私がニューヨークに住みはじめてから、またたく間に15年が経過しました。

でも、「あっという間というほどに時間が早く感じる」のは、失敗と挫折の連続で毎日必死だったからです。

電車を乗り間違える、お財布を落とす、勘違いして会議をすっぽかす、電気代の支払いを忘れて止められる、契約が破談になる、信頼していた人から裏切られるなど、最悪の連続でした。

それでも明るく元気に歩んでこられたのは、ニューヨークで出会った人々がいつもポジティブに接してくれたからなのです。

ニューヨークには「失敗を褒め、努力を後押しする」文化があります。

誰かが誰かを励ましサポートするのは、その人が元気になるのを見るのが、みんな大好きだからです。

落ち込んだ顔でスーパーのレジに立てば、その様子に気づいたキャッシャーの人が「私もこのチョコレート大好きなのよ。楽しい夜をね！」と笑顔で声をかけてくれます。もし、このひと言をかけてもらわなかったなら、涙を流しながらチョコレートをかじる夜になったことでしょう。

❖失敗を責めないから、相手も自分も幸せ

友人のアレックスは、間違えた商品を発送し、先方に叱咤され落ち込んでいる私に「お叱りの英語をしっかり理解したって、すごいよ！」と褒めてくれました。

確かに「契約書の3ページにはこう書いてある」云々と、すごいスピードでま

くしたてる相手の英語にくらいついて対応できたのは、自分でも褒めたくなる出来事でした。

日本には失敗をとがめる文化があり、「失敗するのは恥ずかしいこと」と捉えられているように感じます。だから、小さな失敗に自信喪失し、自分は能力が足りないダメ人間なのだと卑屈になりがちです。

日本では周囲の人たちが他人の失敗に、「あぁ〜、お気の毒」といった痛いものを見るような眼差しを向けることがありますが、このような空気がネガティブを生み出します。

ニューヨークでは、落ち込んでいる人には、全然関係のない話をもちかけて気持ちの切り替えをしてあげたり、笑顔で元気づけてあげたりします。

「自分も笑顔でいたい。あなたにも笑顔でいてほしい」という大きな愛です。

そんな優しさに満ちているから街全体がポジティブなのです。

ニューヨークに住んでいなくても、これは実践できます。

失敗を褒め、努力を後押ししてあげる。

落ち込んだ人には笑顔になれる言葉や笑顔を届けてあげる。

こうした思いや行動は、まわりまわって自分に跳ね返り、自分が元気に、そして笑顔でがんばれるようになります。

こうやってポジティブな世界が築かれていくのですよね。

Part 3

ニューヨークが
教えてくれた
夢をかなえる方法

21.

ニューヨークの成功者がやっていること

ある朝メールをチェックすると、友人で弁護士のアレックスから「ミーティングのお知らせ」が届いていました。彼女が所属している異業種交流会に以前から誘ってくれていたのです。

ワクワクしながら中身を見て、たった5行の文章を前に硬直しました。そこには「開始6：00AM－終了7：30AM」と書かれていたのです。

当時、ニューヨークに住みはじめて間もなかった私は、映画で観たことがある「ブレックファーストミーティング」が本当に存在し、ニューヨークの成功者が朝時間をこのように有意義に使っていることを知りませんでした。

その日少し早目に到着した私は、入口から中をのぞいてみました。すでに20名くらいの人たちがイキイキと歓談していて、眠そうな人はどこにもいません。部屋からは焼き立てのクロワッサンとコーヒーのおいしそうな香りが漂い、テーブルに添えられたラナンキュラスが朝日を浴びてキラキラ輝いています。高い目標を持ち、そこをめざしてキャリアを積み上げている、いわゆるニューヨークの成功者たちが日頃大切にしていることを聞いてみようと、私は緊張しながらも笑顔で会場に入っていきました。

彼らに共通していることは、**「朝一番に運動をする」**でした。多くの人が朝5時には起床し、ジムへ行ったりジョギングをしていました。また毎朝ストレッチ運動や、腹筋20回×3セット、プランク（体幹トレーニング）1分×3セットといった、15分程度のメニューを行っています。

私は英語のことわざ**「Early bird gets the warm.」**を思い出しました。日本語

だと「早起きは三文の徳」、要するに「早起きは成功への第一歩」という意味になります。

成功している人が早起きして運動から1日をはじめるのは、「時間がなくて運動できない」といった言い訳が通用しない状況を、自ら作り出しているのです。

そして運動で得るのは、健康のみならず**「心を整える力」**です。

❖ 心を整えるための条件とは？

ピンチに出くわしても慌てることなく冷静に物事を判断し、決断できるのが成功者の資質ですが、「心を整える力」があるとこれが可能です。

何が起きてもアタフタせず泰然としていて、必要なときには恐れずに「Ｎｏ」と言える人になれます。

成功している人は最初から成功していたわけではなく、成功するための習慣を

大切にしてきた結果です。その習慣のひとつが、朝一番の運動であり、それが心を整えていくのですね。

私も毎朝シャワーを浴びる前に必ずストレッチ運動をしています。季節がいいときは、この後に朝陽を浴びながらイーストリバー沿いを30分ジョギングしています。

さあ、あなたも毎朝1時間早く起きて、ストレッチ運動、近所を散歩、ジョギング、ラジオ体操などをしてみましょう。

健康を実感しながら汗をかき、心を整え、最高の気分で1日をスタートできますよ。この習慣が成功へとつながっていき、ウキウキと継続できることでしょう。

22. 夢をかなえる近道はひとつしかない

ある日曜日の空手の朝稽古の後、私は少し遠回りして、セントラルパークを横切って帰ることにしました。

青空の下を、「The Lake」と呼ばれる、公園で2番目に大きな池に向かって歩いていると、どこからともなくアコーディオンの音色が聞こえてきました。その音に引き寄せられ、池のほとりを丹念に見回すと、白馬のお面をかぶった人が木製のベンチに座り、演奏していました。

黒のタキシードに赤い蝶ネクタイを結び、素足に黒いピンハイヒールを履いています。足下に広げられたトランクには、演奏者の名前が掲げられていました。

今が真冬であることを忘れるような装いと素晴らしい演奏は幻想的で、周囲の人たちは完全に心を奪われ、その人が創る不思議な世界に惹き込まれていました。

ニューヨークにはこのようなストリートミュージシャンがたくさんいます。

みんな夢をかなえるために大都会へやって来て、チャンスをつかむ努力を重ねながら一生懸命生きています。その姿は、いつも人々に感動を与えてくれるのです。

❖夢への近道はひとつしかない

夢をかなえようとがんばり続けているのに、一向に近づけないと感じるときは、誰にでもありますよね。

夢が大きすぎるのか、それとも自分のやり方が悪いのか……と、途方に暮れることもあるでしょう。こんな所でこんなことをして何につながるのか、答えが見つからず苦しいときもあるかもしれません。

そんなとき、「近道はないだろうか?」と最短・最速で夢をかなえる方法を考えはじめてしまったりしませんか?


夢をかなえる近道はひとつしかありません。

それは、**「今」に尽力し、遠回りをいとわないこと**です。


たとえば、ある女性が、女性たちの生き方をサポートする「ライフコーチ」になりたいとします。

ライフコーチは人生経験の豊富さがプラスになるので、会社勤めを経験すべきかどうか悩みます。そして、就職は夢をかなえるには遠回りで時間の無駄だと結論づけそうになりました。

就業経験よりもコーチングの勉強やセミナーを受けたほうが、早く軌道に乗せられると考えたからです。

でも、崩れない基礎をしっかり固めるのには時間がかかります。

これを遠回り、時間の無駄だと感じてしまうことがありますが、**「夢をかなえる」においては近道と遠回りが逆転します。**

「時間を要したことが近道」で、「時間をかけなかったことが遠回り」へとつながるのですね。

多くの人に長きに渡って愛されるライフコーチをめざすのならば、就職して人生経験を積み、かつコーチングの勉強に時間をかけるのが「夢をかなえる近道」です。

そこを飛ばしてライフコーチになってしまったら、生徒の悩みを経験していないので、うまくサポートできないでしょう。

しかも、知識ではなく経験から語れるものがないため、集客がうまくいかず、人生経験の積み上げに戻らなくてはならない事態に陥るかもしれません。

最初に費やした時間や努力は、一見ムダだったり、遠回りに思えるかもしれません。

しかし、未来の地点にたどりつき、過去を振り返ったときにそれが近道であったと気づかされます。

そして、それらがあるから今の自分がいると確信できるでしょう。

23.

ニューヨークの女性はつねに「自分目線」で物事を見ている

ニューヨークに住みはじめて気づいたことのひとつに、**「ファッションの都《みやこ》と言われるニューヨークでは、今の流行を知ることはできない」**があります。

ニューヨークの女性たちが、ファッションの流行を意識していないのでは決してありません。彼女たちは流行の中から「自分に似合う」「自分の好き」を選別して取り入れているのです。

すべての基本は「自分目線」。トレンドをバッチリ押さえていれば評価される美しさではなく、自分の求める美しさを大切にしています。

どんなに流行から大きく外れていても堂々としているのは、自分目線で物事を見ることが自分の幸せだと知っているからです。

❖他人目線でものを見るから、自分らしさが失われる

これは、ファッションに限らず、生き方全般にも共通しています。

たとえば、日本には「結婚適齢期」という言葉が存在します。20代後半にさしかかると結婚に焦りが生まれ、30歳になると同時に「自分はこの先どうなってしまうのだろう……」と心がざわつきはじめる。30代後半になると、どこか人生に失敗してしまったような気持ちに包まれて……。

結婚という2文字がこんなにも女性を追い詰め、苦しめてしまうのは、「他人目線」で生きてしまっているためです。

ニューヨークの女性たちは「自分目線」で生きているので、「結婚」や「年齢」に追い詰められることはありません。自分の人生を、自分らしく生きているので、

彼女たちにとっては**「結婚したときが、自分の結婚適齢期」**なのです。

自分目線とは他人の目線に引っかき回されない見方です。

ニューヨークの女性たちのゆるぎない自信は、他の誰よりも自分のことをよく知り理解しているところからきています。自分が何を求め、どうなりたいかをわかっているので、雑音で心がかき乱されることはありません。

自分目線で物事を見るようにしましょう。

そうすれば、いつも周囲を気にして右往左往することなく、自分の好きや心地よさを第一優先にできるようになります。

他人目線で自分を計る癖がなくなれば、いつも明るくポジティブでいられますよ！

24.
人生に必要なのは、問題解決能力！

「直感は当たるって本当だ」

レディースルームの洗面台に水をはり、食器用中性洗剤を必死で泡立てながら、私はそうつぶやきました。

赤ワインで染まった白いサマードレスを大急ぎで脱ぎ、ペーパータオルと泡でしみ抜きをしながら、出かける前に「白は危険だよ」とささやく直感を打ち消したことを思い出したのです。

「とにかく問題解決に集中しよう！」と、下着姿でレディースルームをウロウロする私はどう見ても浮いていますが、恥ずかしくはありません。

夏の夕暮れ、ハドソンリバーが真っ赤に染まる景色が美しいラウンジに、久しぶりに友人たちと集まりました。たまたま横を歩いていた女性がバランスを崩し、私の白いドレスが彼女の赤ワインを見事にキャッチしたのです。

「I'm so sorry.」と彼女も友人たちもいっせいに私に言い、楽しい時間が一瞬にして重苦しいものに変わってしまいました。

ここで私が悲壮な顔をしたら、二度と戻ることのない素敵な時間が台無しになってしまいます。私は「大丈夫、大丈夫！　すぐに戻るね♪」と言って、キッチンで洗剤を調達し、レディースルームに駆け込んだのでした。

❖クヨクヨする前に解決の手立てを考える

生きていれば数々の問題に出くわします。

試着せずに買った返品不可の洋服が入らない、大切な仕事のアポイントを忘れてしまった、家族が病気になった、お財布を落とした……など、解決しても解決しても、出てくるのが問題です。そして、そのたびに問われるのが問題解決能力です。

起きたことをクヨクヨ考えていたら、気持ちの切り替えに数日を要してしまいます。そんなときは**「落ち込むのは解決してから！」**と自分を励まし、まずはミッションに集中しましょう。

どうすればこれをできる限り早く解決できるかを考え、即実行することです。もし、周囲の手助けや応援が必要な場合は、躊躇《ちゅうちょ》せずにお願いしましょう。

誰かが気づいてくれるのをジッと待っていても、レスキュー隊はやって来ません。頼れるのは自分だけなのです。

入らない洋服を前に「買うんじゃなかった」と悩む前に、「返品」ではなく「交換」という方法を試してみる。

アポを忘れて仕事先に迷惑をかけたなら、怒られることを恐れず、即お詫びの連絡をするのです。誠意は必ず伝わります。

このように問題に直面することは不運ではなく、自立心と強さが育まれる貴重な経験です。そして、この積み重ねが、問題解決能力を磨いてくれます。

さらには、パッと気持ちを切り替え、サッと立ち上がれる人にもなっていけます。いつまでもくすぶっていないで、すぐに元の自分に戻れたら、自分が幸せでいられますよね。

*

私は水洗いしたドレスを、ハンドドライヤーで一気に乾かし、バッグに入れていた香水をシュッと耳元にひと吹きしました。すると気分も元どおり。

何事もなかったかのように笑顔で戻ってきた私を、友人たちが安堵の表情で迎えてくれ、おしゃべりを夜遅くまで楽しみました。

25. 誰かがいないと成り立たないライフスタイルはやめる

結婚するなら玉の輿がいいと考えたことはありますか？

ゆとりのない生活、毎月のギリギリの収入でやりくりする生活よりも、好きなものを好きなだけ買え、年に数回海外旅行するといった経済力に魅力を感じることがあるかもしれません。


世界の金融の中枢であるニューヨークは大富豪が住む街です。特にアッパーイーストサイドは大金持ちが住む地域で、セレブ妻が多く住んでいます。

ちょっとそこに行くだけでも、洗練された高級ファッションに身を包み、手に提げているバッグはエルメスのバーキンなど、ラグジュアリーブランドです。セレブ妻になれば「ちょっとそこまで」の装いも、庶民とは桁が違うことに気づいた私は、こんな生活を幸せというのかなと漠然と考えていました。

そんなある日、富裕層の友人のエレーナがこんな話をしてくれたのです。それは、**玉の輿のセレブ妻になると同時に、「得る喜びだけではなく、失う恐怖を背負わなくてはならない」**ということでした。これは、私の胸にストンと落ちました。

アメリカの離婚は日本とは違い両者の同意は不要です。夫が「離婚だ」と言えば、「え、なんで？」と聞き返す余地もなく、離婚になってしまいます。
夫婦ともに仕事を持ち、経済的、精神的に自立した関係ならば、愛が壊れても生活は今までどおり安泰でいられますが、夫の収入でラグジュアリーな暮らしが

成り立っている場合は、離婚により天地がひっくり返ります。**夫がいることで成り立つ生活は、夫がいなくなれば成り立たない**のですね。

　傍《はた》から見れば、何不自由のない暮らしをしている人にも、実は大きな不安や悩みがあることをエレーナは教えてくれました。

　大金持ちの人と結婚すれば自分の人生は安泰だと考えるのは短絡的で、お金で心配や悩みは消せません。

❖ 女性の究極の幸せとは？

自分の理想のライフスタイルをパートナーに求めるのではなく、自分自身で実現しましょう。

そうすれば、その人を失うことで発生するリスクを防げます。

生活のベースはつねに自分で、そこにパートナーが加わって生活がもっと華やぐとしたら楽しいですよね。

一人でも幸せ、パートナーとの生活も幸せ。そうであれば、たとえ別れが生じても、自分の生活は今までと同じで大丈夫でいられます。

女性の究極の幸せはセレブ妻にさせてくれる夫がいることではなく、自分の足で立つこと、支えがなくても大丈夫な自分になることなのです。

26.

つねに「最悪のシナリオ」を描いておく

全米トップクラスの大学に合格できる成績であったカレンは、試験で本領が発揮できず不合格になってしまいました。結果、まったく想定外の大学へ進学となったことが悲しく、自分は一生取り返しのつかない大失敗をしてしまったと深く落ち込みました。両親の落胆した姿がカレンをさらに傷つけました。

人生が計画どおりに進まず、ため息が出ることは誰にでもありますよね。人生は予想どおりよりも、予想外の出来事に遭うことのほうが多いのです。

もし、このような状況に見舞われる前に、**「最悪のシナリオ」を頭に描いておくと、計画どおりに進まなかったときに、本当に大切なことを思い出し、ブレずに人生を歩み続けられます。**

大学受験の最悪のシナリオとは、志望校に落ち、不本意な大学に進むことですが、大切なのは大学の**先にある「夢を描く」こと**です。

カレンの夢も、「全米トップクラスの大学に行くこと」ではなく、その先にあるはずです。たとえば、○○を活かす仕事に就くこと、△△社へ就職すること、知識を深めるために大学院に進み、世界に羽ばたくといったことでしょう。

ここで志望大学に落ちることもあると想定していれば、ランクの低い大学に進んでも、「最終目的地は自分の努力で同じにできる」といった自信や信念に包まれます。

合格できずに敗北感を覚えても、すぐに気持ちを立て直し、明るく元気にがんばる力が湧き上がってくるでしょう。

カレンもその後、傷ついたままで終わるのではなく、挽回のためにがんばりました。

卒業後は、夢だった金融業界に就職を決めたのです。

❖「最悪のシナリオ」は最悪を乗り越えるために描くもの

大学受験を例にあげましたが、これは日常の些細《ささい》な出来事でも同じです。

たとえば、子どものお誕生日会のためにケーキを焼いているときに、「最悪のシナリオ＝ケーキ作りに失敗する」を描いておくと、実際に失敗しても、最終目標を同じにできます。

この場合は「子どもたちの喜ぶ笑顔を見る」「お誕生日会を成功させる」ことですよね。

このように、いわゆる試練のときに、自分はどう立ち回るかまで想定できている人は、それができていない人よりも強いのです。そして、「こんなはずじゃなかった」と落ち込む時間をセーブできます。

最悪のシナリオは、最悪を覚悟するためではなく、「最悪を乗り越え、夢や目標をかなえていくため」に描くもの。

これが本当の「備えあれば憂いなし」なのですよね。

27. ニューヨークの女性がレイオフされた後の選択

同じオフィスビルに勤めるアンジーがレイオフされ、1年が経ちました。

アンジーはシングルマザーで、子育てと仕事をがんばる、笑顔が輝く女性です。

彼女は広告会社でキャリアを積み、さらに大きな会社へ転職するという人生設計を描いていました。子どもの成長に合わせて計画を練り、着実に階段を上がっているつもりでしたが、突然レイオフという悪夢に見舞われてしまったのです。

彼女は異国の地で生きる厳しさを背負う私を、何も言わなくてもわかってくれているような、そんな大きな愛を感じさせる人です。

きっと、彼女もまた別な意味での厳しさを背負い、毎日必死で生きているから通じるものがあるのだろうと私は感じていました。

そんなある日、いつものスターバックスにコーヒーを買いに行ってみると、アンジーの姿がありました。テーブルにはたくさんのテキストが積まれ、コーヒーを飲みながら必死で勉強をしています。私はうれしさのあまり、駆け寄りました。

彼女は再就職活動をがんばったものの希望どおりの就職先が見つからず、キャリアアップのために大学院に進む決意をしたそうです。

アンジーに限らず、アメリカでは、大学卒業後に社会に出て、その後大学院に戻り学位を取るために猛勉強する人が大勢います。

日本では社会に出れば勉強しない人がほとんどですが、学歴社会のアメリカは社会人になっても勉強し続ける人が多いのです。

通学が難しい人たちのためにオンライン学習制度も充実していますし、専門分野の知識を深めるためにハーバードやスタンフォードの大学教授の授業をオンラインで受けられます。

勉強は就職したら終わりではなく、社会人になっても続き、40代で学生ローンを払い続けている人もたくさんいます。

❖自分次第で悪夢もバラ色になる

私はこの日アンジーと話したおかげで、すごく大切なことに気づかされました。

それは、**そのときはそれが悪夢に思えても、自分の考え方や人生設計の変更によりバラ色の夢にできる**ということです。

彼女は定職のない悲しい状況を、無職だからこそアルバイトをしながら大学院で学ぶというバラ色の生活に変えました。

大学院に進みたいけれど仕事を辞める決意ができないと、2つの間でゆれ動く人も多いのです。

Lilies
$12.99
EA.

しかし、アンジーの目の前には「どちらを選ぶか」ではなく、「するか、しないか」の選択だけがありました。それに気づいた彼女は、迷いなく進学を取りました。年間1000万円近くの学費も未来への投資で、大きなリターンがあると言います。彼女のキラキラ輝く瞳が、それを絶対に成し遂げると感じさせました。

他人は彼女の選択を、無謀だ、リスクが大きすぎると評価するかもしれません。しかし、その人の人生を生きていない他人が、自分の価値観で人の人生をはかることはできません。

他人からの評価で心が惑わされたときに大切なのは、「いったい誰の人生なのか」なのです。

自分の人生の決定権はつねに自分にあり、自分が幸せだったらそれが一番です。もちろん、決定する限りにおいては責任がついてきますが、だからこそ、一歩の歩みが楽しく軽やかになるのですよね。

28.

ニューヨークの女性は今日できることを明日に残さない

友人のリリーのオフィスの机の前のボードには、いつも8センチ四方の付《ふ》箋《せん》がたくさん貼ってあります。あるときは右側に、あるときは左側に、といったように、何かしらのルールに基づいて貼っているようでした。

ある日、仕事帰りに立ち寄ってみると、彼女が右側に集中した付箋を剥がしてゴミ箱に捨て、新しい付箋に書き込みながら、左側にペタペタ貼っていました。

そのとき初めて、これはいわゆる「To Do List」で、完了したものは左から右へ移す仕組みであることに気づきました。**今日すべきことは今日中に終わらせ、明日に残さない工夫**です。

とはいえ、手帳に「To Do List」を書いてチェックを入れてもいいのではないかと思った私は、その違いは何なのか聞いてみました。

すると、手帳に書き出すと「できたかどうかのチェック」だけになり、「今日できることは明日に残さない。今日中に完了する」といった強い気持ちにはならないと言いました。

そしてさらに、

「今日という日は過去の仕事を片づける日？　それとも未来の仕事の準備をする日？　この時点で『追われるか、つかみに行くか』の違いが発生しているでしょう。夢を実現させたいのなら、夢をつかみに行く態勢で、時間を空けておかなくちゃね！」

とニッコリ笑いました。

私は夢をかなえる方法を教えてもらったようで、嬉しくなりました。

私もリリーを真似てやってみようと帰りにショップに立ち寄ったとき、ふと、アメリカ建国の父として有名なベンジャミン・フランクリンの大好きな言葉が浮かんできました。

「One today is worth two tomorrow.（今日という1日は、明日という日の2日分の値打ちがある）」

❖「今日」はつねに未来のために使う

帰宅後、さっそく明日すべきこと

を付箋に書いてみました。

すると、明日１日の流れが想像でき、空白の時間を確認できました。

すべきことで埋め尽くされた１日でないことが前日にわかると、心のゆとりが生まれます。そして明日の準備を今日中に終えたことは、何とも心地のいいものです。


今日という日を２日分の価値で生きるために、新しい１日を過去のやり残しで消費したりせず、未来のために使いましょう。

明日が本当に来る、明日が自分の予想どおりの１日になる保障はどこにもありません。

未来に何が起きるかわからないからこそ、今日という日は非常に尊いのです。

そしてこの意識こそが、心豊かな人生につながっていきます。

29. 人生に笑顔が大切な理由

自信喪失する出来事が重なりすっかり気持ちがふさぎ込み、重い足を引きずりたまたま入ったカフェで、「いらっしゃいませ」と声をかけてくれた店員さんの笑顔に救われたという経験はありませんか？

私は、ニューヨークで数えきれないほど、知らない人の笑顔に救われました。カフェの店員さん、駅の切符売り場の人、街角でフルーツを売っている人、通りすがりの人や、エレベーターでいっしょになった人のほんの一瞬の微笑みが、どれほど私を元気づけてくれたことでしょう。

✣ 笑顔は人も自分も幸せにする

ある夏の日、私は空手の組手の稽古で、右手をケガしてしまいました。腫れ上がりジンジンと痛む手はどう見ても折れています。翌日病院でレントゲンを撮り、先生が「グッドニュースと、バッドニュースがあるけれど、どっちから聞きたい？」と満面の笑みで言いました。

倒れ込みたいほどショックな私は、先生の笑顔と冗談めかした言い方にイラッとしながら、不機嫌な顔で「バッドニュース」。

先生はレントゲン写真をモニターに貼り、骨が真っ二つになっている部分を指さし「2ピースに折れています」と言いました。そして続けて**「グッドニュースは『治ります！』」**とニッコリ。

あまりに子どもじみた会話ですが、こうやって悲壮な患者の心をほぐしながら治療する先生のペースに巻き込まれ、診察室を出た私は笑顔になっていました。

「1カ月間、この状態でがんばろう！」

すっかり立ち直りルンルンしながら歩いていると、路上に犬と座っていたホームレスが私のギプスを見て、「どうしたの？」と優しく声をかけてくれました。

そう、それまで気づかなかっただけで、ニューヨークには小さな優しさや笑顔が満ちあふれていたのです。私はそれらを受け取るばかりであったことに気づき、これからは笑顔や優しさを与えられる人になろうと手のギプスに誓いました。

笑顔は誰かを幸せにし、そして自分自身にも幸せを運んできてくれます。

たとえば、就職試験で緊張に包まれているとき、意識すべきことは質問に正しく答えることではなく「笑顔」です。笑顔はあなたの緊張をやわらげ、不安を払いのける最高の特効薬になってくれます。そして、あなたの笑顔に、同じように緊張している人もきっと救われるでしょう。素敵なことですよね。

こうして、「笑う門《かど》には福来《きた》る」の人生にしていきましょう！

30. ニューヨーカーの生きる知恵と術

その日私は調子の悪いシュレッダーを買い替えようと、歩いてオフィス用品店へ行きました。

持ち帰ることができる軽量サイズを選び、レジで精算手続きをしていると、「プラス20ドルの2年保証は付けますか？」と聞かれました。

私は「そんなに高いのですか？」となりながら、日本的思考からアメリカ的思考にスイッチを切り替えました。


ここはアメリカ、この箱の中のシュレッダーが壊れていない保障はどこにもありません。もし持って帰ってオフィスで稼働しなかった場合、店に舞い戻ってクレームしても、私が壊したと言われる可能性が大きいでしょう。ならば、やはり保険を付けるべきかと熟考している私に気づいた店のマネージャーが歩み寄ってきました。

そして「今からマジックをお見せします。驚かないでくださいよ」と、レジに数字を打ち込みました。

すると20ドルと表示されていた数字が2ドルに変わりました。なんと、保険料が2ドルになったのです。

❖強く生きるには「知恵と術」が必要！

悩む人には割引コードをプレゼントし、悩まない太っ腹な人には満額お支払いいただく。なんだか不平等な構図ですが、これが**ニューヨークで生きる知恵と術**なのだと心底感心しながら、シュレッダーを抱えて上機嫌でオフィスに戻りました。

私にとって1ドルでも経費節減になるのは、非常にありがたいこと。

素直に誠実に生きるのは当然ながら大切ですが、本当の意味で「生きる」には、知恵や術が必要です。

それは**「ケースバイケースで、対応していく器用さ」**と言えます。

「世渡り上手」というような、ずる賢いものではなく、自分と相手にとって好都合となる結果、WIN-WINになる知恵と術です。

「保障は付けたいけれど、20ドルは高い」と伝えたことで、プランBが出てきました。

価格はひとつ、サービスはひとつとは限らないもの。3つ買えば割引、5つ買えば送料無料など、プランAの他にBやCが必ずあります。

相手が持っているカードは、相手が見せない限り見えません。

だからこそ、いろいろなことを上手に引っ張り出す知恵と術があると、生きて

いく手助けになります。

❖自分の要望は恥ずかしがらずに伝えよう

では、どうすればそれを習得できるのでしょう?

まず、相手の持つカードを確認するには質問することです。**それは経験の中で身につけ、磨くことです。**

「他には何がありますか?」「他のプランはありますか?」「これとこれを付けたら、お値段は変わりますか?」等々。

こちらから質問したり、要望を述べるのは、恥ずかしいことでも、厚かましいことでもありません。

相手にどう思われるだろうと考えたりせず、WIN-WINを忘れずに、生きる知恵と術を磨いていきましょう。

31. 生きがいがないと思うときは、どうするか

あるとき、ニューヨークの秋の風物詩である温かいアップルサイダーを飲みながら、公園のベンチで読書タイムを楽しんでいました。

冷たい木枯らしに黄金色の落ち葉が舞う様子を見ていると、まるで葉っぱの1枚が自分のように見えてきました。飛ばされないように必死で踏ん張っている自分です。

その年も夢に向かって息切れする日々、採用面接とビジネスプランの作り直しの連続でした。でも、私はこんなヘトヘトで出口の見えない迷路をさまようような毎日に生きがいを感じていました。

「生きがいがない」「生きがいが感じられない」という言葉を時に耳にしますが、あなたは自分の生きがいについて考えたことがありますか？

❖生きがいはひとつではない

生きがいとは「自分らしく生きること」です。

そこには、仕事、家庭、趣味、社交、奉仕、遊びなど、ありとあらゆることが、バランスよく含まれています。

自分の人生に存在するものすべてが「生きがい」なのです。

たとえば受付の仕事、英会話のレッスン、交友関係を広げること、小さな優しさや思いやりを大切にすること、心底楽しんで遊ぶこと。さらには、親孝行や子育て、ペットを大切にするのだって生きがいです。その他にも植物や野菜を育てたり、野鳥観察など、生きがいはたくさんあります。

自分らしく生きることは幸せに直結しています。
つらく厳しいこと、山あり谷ありを乗り越えて進んでいくのも「自分らしい生き方」であり「生きがい」なのですよね。

❖毎日がつらいと思ったら

もし、自分には「したくないこと」「楽しくないこと」「こんな毎日は嫌だと思うこと」ばかりだから、生きがいがないと感じるとしたら、その理由は目の前の小さな世界にとらわれすぎているからです。

小さな視野で小さく生きる自分を、そんな世界から引っ張り出しましょう！
そして、大きな視野で大きな世界を見ましょう。

・自分の人生や毎日を客観的に見る
・自分はどんなときに幸せを感じているか考える
・自分の生きる世界を広げる
・自分の可能性を探る
・自分がもっと幸せに感じること、楽しめることを見つける

このように大きく考えてみると、自分の「生きがい」が見えてきますよ！

32. 考えれば考えるほど混乱し、まとまらないときは

どうすれば夢や目標に到達できるのか。考えれば考えるほど混乱し、まとまらないことがありますよね。

あまりに考えすぎると、どんどん複雑化し、さらによくわからなくなります。

夢を実現するためには、ごくシンプルに考えましょう。

大切なのは、**「一歩前進するために、今日何をするか」**です。

大きなテーマにいきなり取り組むよりも、一歩前進するために今日何をするか

を考え実行するほうが、夢や目標にリアルに近づいていけます。

毎日、少しずつ行動することで、自分のめざす地点をしっかり把握できます。ぼんやりしていた目標がだんだん鮮明に見えてきたり、直感が確信に変わっていくでしょう。

たとえ道に迷ったり、逸《そ》れたりしても、めざす地点がわかっていれば、必ず本線に戻ることができます。

そして引き続き、今日の一歩を積み重ねていけるのです。

❖欲を持たずに、ひたすら努力を重ねる

そして、**シンプルに生きることも大切**です。

シンプルに生きるとは、欲深さをバッサリ切り落としていくことです。たとえば、自分で一歩一歩進むよりも、誰かの車に乗せてもらったほうが楽で快適だと

考えることがあるかもしれません。

そのために利用できる人を探し、媚《こ》びたり群れたり。

この思考に巻き込まれると、「楽してお金を稼ぎたい」「社会的に認められる人になりたい」といった、本来の夢や目標でないものにすり変わってもいきます。欲があなたの心をかき乱し、着地点をずらしてしまうのですね。

無欲が一番です。欲を持たず、目の前のことをコツコツ努力して積み上げていくと、いつしか目標の地点に到達しています。

不思議なもので、欲を持たずがんばる人にはいつも優しい追い風が吹いてくれます。苦しいときに後ろからそっと優しく押してくれるのです。

幸運の追い風を感じながら、今日も一歩一歩進んでいきましょうね。

33.

ニューヨークで知った自分の居場所を見つける方法

失敗ばかりで人生が空回りし、心が折れそうになる。自分が本当は何がしたいのかもわからないし、自分が誰なのかもわからない。

友だちが減り、家族からも嫌われ、自分を理解してくれる人はどこにもいない。

自分の居場所が見つからない……。

このような悩みを抱え、自分の殻に閉じこもってしまうことがあります。殻を破って飛び出したい、こんな自分を変えたいと思っても、そのきっかけや方法がわからず苦しいときもあるでしょう。

私も自分の居場所を見つけるのに苦労しました。

そんな自分が変わるきっかけとなる、大きな影響を与えてくれたのは**「言葉」**です。

- **誰かの言葉**
- **好きなアーティストの歌詞**
- **本の言葉**
- **映画のセリフ**

私のニューヨーク生活でも、この4つが大きく作用してきました。言葉との出会いが自分の人生を大きく変えてくれることってあるのですよね。

特に、人生に迷っていたり、自信を完全に喪失しているとき、人間不信に陥っているときなど、そこから這《は》い出すきっかけになります。

言葉から何を学ぶかはあなた次第

たとえば、仕事に忙殺され自分を見失っていた私に、「オンとオフを切替える大切さ」を教えてくれたのは友人のロバートの、

「人生にオフなんてない。自分で意識して作らない限り、オフはないんだよ」

という言葉でした。

また、ニューヨークの女性たちは「○○したらどう？」と具体的なことを言うのではなく、自分の人生経験の中からヒントとなる言葉や、読んで良かった本、心に響いた映画などを教えてくれます。**そこに何を見つけるかは自分次第**です。

たとえば映画では、キャメロン・ディアス主演の『イン・ハー・シューズ』がお気に入り。キャッチコピーは「私たちは何度もすりむいて、自分だけの靴を見つける」。キャメロンらが自分の居場所を見つける、心に響くストーリーです。

Fiction
FINAL OPTION
ANDREW GRANT
TOO CLOSE TO HOME
THE UNWILLING
DARK AGE
PIERCE BROWN
STAR WARS
BLACK SPIRE
The Princess Bride
DOCTOR WHO
UPRIGHT WOMEN WANTED
TED CHIANG
Postscript
THE OTHER'S GOLD
ROBYN CARR
The Last Romantics
LISA JEWELL
TERRY GOODKIND
HEART OF BLACK ICE
LADY HOTSPUR
SALVATION LOST
CHARLAINE HARRIS
A LONGER FALL
KEVIN HEARNE
JOE HILL
FULL THROTTLE
THE MERCIES
THE WAR BENEATH
BIRDS
SWORD OF FIRE
Evvie Drake Starts Over
JAYNE ANN KRENTZ
THE DRAGON REPUBLIC
THE UNSPOKEN NAME
BLEAK CREEK
CIRCE
NORA ROBERTS
DANIELLE STEEL
TWILIGHT OF THE GODS
SCOTT ODEN
THE NOBODY PEOPLE
GIDEON THE NINTH
JOHN SANDFORD
BLOODY GENIUS
MOTEL
SIMONE ST. JAMES
THE OTHER PEOPLE
C. J. TUDOR
MAZES OF POWER
The Burning White
BRENT WEEKS
LAST WISH

また、エイミー・シューマー主演の『アイ・フィール・プリティー！』は、自分の外見に引け目を感じ何事にも消極的な主人公が「ありのままの自分とはどういうものか」を見つけていくラブコメディーです。周囲との比較や、美人なら人生幸せなのかといった疑問への答えのヒントがたくさん見つかります。

自分の心に響く言葉を探してみましょう。本をたくさん読み、映画をいっぱい観てください。周囲の人が大切にしている座右の銘を聞いてみましょう。

そして**「言葉のノート」**を作り、そこに書き留めましょう。

言葉は生き物です。いつまでも心の中で生き続け、背中を押してくれたり、勇気や元気を与えてくれます。

たったひとつの言葉との出会いで、人生が輝き出します。

Part 4

ニューヨークで見つけた人生を幸せに生きるための言葉

34.

「良き友、良き本、
眠りかけた良心、
これぞ理想の人生」

マーク・トウェイン
（『トム・ソーヤーの冒険』を書いた米国の作家／ 1835 ～ 1910）

Good friends, good books
and a sleepy conscience:
this is the ideal life.

Mark Twain

あなたが理想の人生に３つのものを求めることができるとしたら、そこに本は含まれていますか？

私はたくさんの本を与えてくれた両親のおかげで、子どものころから本が大好きでした。まだインターネットのない時代でしたから、**本は自分を新しい世界に連れていってくれる大切な友達のような存在**でした。

今も本のページを開く時間が大好きで、本は私の人生に欠かせません。

最近はもっぱらビジネス書をワクワクしながら読むことが多く、元グーグルＣＥＯのエリック・シュミットさんの本や、アメリカの名門ＶＣ（ベンチャーキャピタル：ハイリターンの投資会社）であるアンドリーセン・ホロウィッツの共同創業者、ベン・ホロウィッツさんの本を愛読しています。

❖本には人生を助けてくれるヒントが詰まっている

ニューヨークの友人ジェーンとの出会いも「本」がきっかけでした。公園の移動図書館で同じテーブルをシェアした私たちは、「本」という共通点で結ばれ仲良しになりました。

好きな場所で好きな本を好きなだけ読んでいい公園の移動図書館は、青空の下で本を読むことが好きな人たちに大人気です。

ニューヨークではランチタイムに近くのデリで買ってきたサンドウィッチとコーヒーをお供に読書を楽しんでいる人が大勢います。

心に響く本との出会いは本当にいいものです。

パート3でお話ししたように、私は自分が求めていた言葉を本の中に見つけたときの感動を何度も味わいます。

そしてその言葉をノートに書き綴っています。

書いた言葉を何度も読み返しては励まされ、元気をもらい、たくさん助けられてきました。

本で見つけた言葉は自分を幸せにしてくれます。

いつもハッピーでいるために、良き本を人生のお供にしましょう。

35.

「なりたかった自分になるのに遅すぎるということはない」

ジョージ・エリオット
（イギリスの女性作家／1819～1880）

It's never too late to be what you might have been.

George Eliot

やりたいことにとりかかるのに、年齢を気にしていませんか？

もしあなたが「もうこんな歳だから」「あと10年若かったら」と一歩踏み出すのをためらい、あきらめているのなら、自分の可能性を信じてあげましょう。

自分の理想の人生を創造するために必要なものは、やる気と挑戦意欲です。

たとえ時間がかかっても努力し続けることで、少しずつ理想の自分に近づいていけます。また、年を重ね

5 Av
Museum Mile
ONE WAY

大人になった今だからこそ、スマートに考えながら進む知恵があり、過程を楽しめる心のゆとりがあります。

私が英語の勉強を再開し、海外移住や起業をしたのは、日本で就労経験を積んでから。遅いスタートでした。

当時の日本は「なりたい自分は専業主婦」という人が多かったのですが、そうではなかった私はどこか浮いていました。しかし、海外旅行先で同じように勉強してきた友人が、流暢《りゅうちょう》な英語で現地の人たちと交流する姿に衝撃を受け開眼。国際人をめざして無我夢中で取り組んだので「今さら遅い」とは考えませんでした。また、なりたい自分をめざす努力は楽しいと気づかされたのです。

なりたい自分があるなら、**「あなたならできるよ」**と自分を信じ、優しく自分の背中を押してあげましょう。やる気があれば、いつからでもなりたい自分になることができますよ。

36.

「わが道を行く」

Going my way!

Speaker unknown

カッコいい女性に共通することに「Going my way!」があります。

彼女たちは、他人はどうあれ自分なりの流儀や生き方を貫き、大切にしています。周囲を気にせず自分らしく輝きながら生きることができたら、どんなに心地いいでしょう。

自分らしさは、自分をしっかり持つことで育めます。

人とは違う自分の個性や動向に自信を持ち、「私はこれが好き」と言える勇気を持つことで、あなたは輝きを増すのです。

BRADLEY THEODORE 2017
267
A
OPEN

❖周りは気にせず、自分らしく！

ランニング初心者のエイミーは、あるスニーカーブランドが主宰するランニングクラブに入りました。そのブランドのランニングシューズが好きな人たちが集まっていっしょに真剣に走るだけの会です。ニューヨークではこのようなチームがたくさんあり、ビルの谷間を颯爽《さっそう》と走り抜けていく軍団はなんともカッコよく、いつか私も加わりたいとあこがれていました。

参加資格はおおよそ「ランニング中級以上」でしたが、エイミーは申し込みをしました。スタートはみんないっしょ、でもゴール時にはもう誰もいなかったといった有様。

でも、そのうちずっといっしょに走れるようになると信じる、「Going my way!」なエイミーを私は心底カッコいいと思いました。

たとえば、自分の考えを述べるのに、本来は勇気など不要ですが、周囲との違いを目《ま》の当たりにすると「私はこれでいいの？」という不安がわき上がり、心がグラグラとゆれたりするものです。

そこでもし、その答えを周囲の人に求めてしまったら、自分らしさが音を立てて崩れ、みんなと同じを求める人になってしまいます。周囲に誰かいないといつも不安な自分なんて嫌ですよね。


カッコよく生きる女性たちも、最初からカッコよかったわけではありません。みな同じように悩み、崩壊と創造を繰り返しながら自分らしくいる秘訣を身につけてきました。

あなたが周囲に惑わされそうになったときは、「私は、私のままでいいんだよ。Going my wayだよ」と自分に声をかけてあげましょう。

忘れないで。あなたが最高に輝くのは、あなたがあなただからです！

37.

「外見は大切――笑顔を忘れぬよう」

ネルソン・マンデラ
（南アフリカ共和国第８代大統領／ 1918 ～ 2013）

Appearances matter
— and remember to smile.

Nelson Mandela

1991年まで続いた、南アフリカ共和国の人種隔離政策アパルトヘイトの撤廃に力を注ぎ、人種差別のない平和な国を築いたマンデラ大統領。

あれだけのつらい迫害に合いながらも自分を傷つけた相手や人種を恨むことなく、笑顔で平和を築き上げる姿勢は真のリーダーでした。

誠実な微笑みが多くの人に愛されたマンデラ大統領は、笑顔の大切さを私たちに教えてくれました。

それは、**どんなときも誰に対して**

も笑顔を忘れずに生きること。笑顔は平和の架け橋になります。

とても笑顔にはなれないつらいとき、苦しいとき、悲しいとき、怒りが収まらないとき、そして自分を傷つけた人、好きでない人に笑顔を向けることは難しいかもしれません。

でも、**自分は過去や現在ではなく未来に生きていると思えたら、その笑顔は自分の輝かしい未来、そして幸せへとつながっていきます。**

外見の美しさで一番輝くのは笑顔です。

今日も笑顔を大切に輝かせていきましょう！

38.

「悩みをゼロにするには、
宇宙でたった一人きりに
なるしかない」

アルフレッド・アドラー
（オーストリアの心理学者／1870～1937）

To the trouble to zero,
there is only become alone with
only one person in the universe.

Alfred Adler

悩みが尽きない……そういうときもありますよね。

でも、それでいいのです。

悩みがあるのは真剣に生きている証拠。悩みがあるから考え、行動し、失敗し、学び、成長するのです。

私は今までどんなことに悩んできただろうと考えたとき、パッと浮かんでくるものがありません。

仕事、人間関係、恋愛、生活などたくさんのことに悩んできたはずなのに浮かばないのは、**解決した時点で記憶から消去される**からです。

悩み事は解決しようと決意し動きはじめたときに、ネガティブからポジティブへとコロッと反転します。

夜も眠れないほど憂鬱だったことにはりきって取り組み、それが解決できたときに得るのは達成感です。

悩んでいた過去の自分が嘘のように感じられるでしょう。

人生は悩み事と隣り合わせで、それを解決するのが日々のタスクのようなもの。
全部解決したら幸せになれるのではなく、解決する毎日が幸せなのです。
また、解決しても次々と出てくるのが悩み事です。
永遠にゼロにはならないのですから、ポジティブに捉えていきましょう！

39.

「ベルは鳴らすまではベルではない。
歌は歌うまでは歌ではない。
そして心の中の愛は、
そこにとどめておくためにあるのではない。
愛は与えてこそ、愛となるのだ」

オスカー・ハマースタイン２世
（アカデミー歌曲賞受賞のニューヨークの脚本家／1895～1960）

A bell's not a bell 'til your ring it,
A song's not a song 'til you sing it,
Love in your heart
wasn't put there to stay,
Love isn't love 'til you give it away.

Oscar Hammerstein II

知らない人が道で迷っているようなとき、優しくしたいのに妙な気恥ずかしさが邪魔をして、心に留めただけで終わってしまった経験は意外に多くの人がしているのではないでしょうか。

愛情を惜しみなく誰にでも与えられるのは、本当に素敵なことです。誰かの小さな役に立つばかりか、その人の笑顔が自分を幸せにしてくれます。

「親切を拒絶されたら嫌だな」

こんな**不安が頭をぐるぐる駆けめぐる場合は、行動する前から未来をネガティブに予想する癖を払いのけましょう。**

受け入れられることよりも、与える行いに意味があり、それこそが愛です。

ニューヨークの地下鉄では席の譲り合いが一般的です。

高齢者や小さな子ども、妊婦さんに限らず、誰にでも「座りませんか?」と声をかけます。

人々の心には**「愛は与えてこそ愛となる」**があり、断られてへこむことはありません。

惜しみなく誰にでも愛を与えられる人をめざしたいですね。

40.

「侮辱を受けたら仕返しをするよりも無視したほうがいいことが多い」

セネカ
（古代ローマの哲学者／BC4 頃〜 AD65 頃）

It is often better not to see an insult than to avenge it.

Seneca

自分を嫌ってくる人は、自分を好いてくれている人と同じくらいいます。

「なぜ私を嫌うの？」

でも、その答えはその人にしかわかりません。

たとえば、相性が合わない、カンに障る、あなたがキレイだから、成功しているからなど、自分は嫌われることをしていないのに一方的に嫌われて屈辱的な目に遭わされた、といった相談をよくいただきます。

他人が自分のことをどう思っているかいつも気になってしまう人は、自分を好いてくれている人よりも自分を嫌っていそうな人に敏感なもの。そして、そんな人を見つけると落ち込んでしまいます。

本人に聞かない限りわからない**「なぜ私を嫌うの？」を考えるよりも、「なぜ私はそんなことを気にするの？」と自分に問いましょう。**

❖あなたが輝きを増すだけでいい

自分らしく輝きながら生きれば生きるほど、自分を嫌う人が増えてくるかもしれません。がんばればがんばるほど、成功すればするほど嫌われることがあります。

しかし、それと同じだけ自分を応援し、好きでいてくれる人も増えます。

ならば嫌われていることに心をゆらすよりも、好かれていることに心を躍らせ

るほうが幸せでいられますよね。
そうなるには、視点をポジティブに向ければいいのです。

あなたを嫌い、意地悪する人たちは、シャボン玉のようにいずれ前からいなくなる人たちです。ですから神経をそこに注ぐことはありません。

嫌われていると気にして、自分をくすませてはダメです。

仕返しを考えるのは時間の無駄。

相手にとって一番の仕返しとなるのは、あなたが泰然と輝き続けることです。

41.

「決してあきらめてはいけない」

Never say never.

Speaker unknown

この言葉は、「最後まであきらめるな」ということを意味します。たとえば「もうこれ以上できない。もう無理」と弱音をはき、落ち込んでいる友人を励ますときなどに使います。

「あきらめちゃだめだよ。最後まで結果はわからないよ。がんばって！」といったニュアンスです。

夢が終わるのは失敗したときではなくあきらめたときだと言われますが、**たった１度のあきらめが、その先に広がるすべてを無にしてしまい**

ます。

「もうこれ以上無理」と必死でがんばっているときは、目の前のことしか見えていないもの。でも、その地点さえ越えられれば、予想をはるかに超える世界が広がります。

あきらめずにがんばることで、自分の可能性が無限大になるのです。

私がニューヨークで最初に起業したときは、製品開発を進めることだけに必死でした。

素材、製造工場、国際運送会社などを探しても、タイミングよく見つけられず、1歩進んでは壁にぶち当たるの連続でした。

そんなときに友人のリリーが**「Never say never. You can do it!」**と励ましてくれたのです。もしあのとき挫折していたら、本を書くという新しい体験をすることも、きっとなかったでしょう。

「Never say never.」の精神で取り組む中で、世界がどんどん広がったのです。

NO
TURNS
6F71
NO
TURNS

42.

「装いは女の〝知恵〟、
美しさは女の〝武器〟、
謙虚さは〝エレガンス〟」

ココ・シャネル
（フランスのデザイナー／1883～1971）

Adornment, what a science!
Beauty, what a weapon!
Modesty, what elegance!

Coco Chanel

挫折と栄光の中でどんなときも自分らしく生きることを貫いたシャネルは、たくさんの言葉を残してくれました。

何歳になってもスマートで美しくエレガントな女性でいるために欠かせないのは、装いへの考え方、美しさの定義、そして人間性を感じさせるたしなみです。

たとえばファッションには「引き算」の美学があります。

アクセサリー、メイクなど、色をたくさん加えすぎると、本来の美しさがぼやけてしまいます。足すよりも「何を外すか」を考える、知恵をしぼることが魅力的な装いにつながるのです。

また、男性は年齢的な若さや見た目のキレイを女性に求める人が多くいますが、それを女性が気にしはじめると迷走してしまいます。

本当の美しさとは内面の輝きです。心の美しさや精神的強さが自分を輝かせ、美しい女の武器となります。

そして、**どんなときも、誰に対しても謙虚さを忘れないことは、自分を人として最高に輝かせてくれます。**

シャネルが教えてくれた、強く美しく生きる女性が持ち合わせたい３つのことを意識すれば、何歳になっても輝く自分でいられ、幸せに包まれていられるでしょう。

CHANEL
CHANEL
ONE WAY
DIESEL
KING

43.

「心で暗記しなきゃ！」

I have to remember it by heart.

Speaker unknown

俳優の卵のダニエルが、ついにセリフのあるエキストラ役に抜擢されました。法廷弁護士のテレビシリーズの目撃者として証言する役です。

レストランでの仕事中も念仏を唱えるかのようにブツブツ言っている彼に、「セリフを覚えるって大変だね」と声をかけると、彼はこう言いました。

「I have to remember it by heart.」

私は「heart（心）」という単語を聞き間違えたと思い「by heart?（心

で？）」と聞き返しました。するとダニエルは「そうだよ」とサラッと答えてその場を立ち去ったのです。

❖心で覚えたものは忘れない

「心で暗記する」は聞き間違いではありませんでした。

暗記は頭でするものですが、心で暗記するとはどういうこと？　俳優には秘密の暗記方法があるのだろうかと首をかしげていると、いっしょにランチを食べていたジェシカが笑いながら教えてくれました。

「エリカ、アメリカでは暗記することを〝remember something by heart〟と言うんだよ」

　そのとき私は頭ではなくて「心」で暗記するという言葉を初めて知り、国が違えばたとえ方も違うものだと、新しい発見に心を躍らせました。

頭で覚えたことは忘れるのも早いもの。英語のように「心で覚える」をイメージすると、心に焼きつきますから、しっかり覚えられます。

日本語で言うところの「脳裏に焼きつける」に似た感覚ですが、**大切なこと、忘れてはダメなことは「心で暗記する、心で記憶する」意識が大切**だと、ダニエルの一言、ジェシカの説明から、私は学んだのです。

44.

「約束は控えめ、結果は大きく」

Under Promise, Over Deliver.

Speaker unknown

この言葉は意訳すれば、**「期待以上の仕事をする」**といった意味で、アメリカのビジネスシーンでよく使われます。

女性が男性よりも優れている性質のひとつがこの「期待以上の仕事をする」だとも言われますが、これは母性のなせる業《わざ》なのかもしれません。

特にセールス部門ではお客様に期待以上の仕事をするのは当たり前で、最初から「Under promise」の心意気はよくないとされますが、それももっともだと感じます。

Salon

❖見返りを期待しない行動が魅力を生む

この言葉への見解は、人それぞれで異なりますが、私はあることに気づきました。

ニューヨークのモテ女子に共通している点が、この言葉なのです。

仕事から離れた日常生活のあらゆる場面で、約束以上のことを返してくれる人、あなたの周囲にもいませんか？

たとえば、資格取得の参考書を貸してくれたとき、役立つページに付箋をたくさん貼っておいてくれた。

庭で採れた柿のお裾分けに、手作りの柿ジャムと焼き立てライ麦パンがついてきた……等々です。

いつも最大限の優しさを忘れず、惜しみなくベストを尽くせる人は素敵ですよね。

見返りがあるからがんばる、お返しを期待してがんばるのではなく、求められていない、期待されてもいないことをサササッとまとめて「はい、これどうぞ」と届ける。こうしたことは、相手をハッピーにするだけでなく自分自身もハッピーになれます。

友人の探し物について、「探しておくね」「見かけたら教えるね」といったことがあると思います。

それを偶然見つけたとき「あ、コレだ！　買っていってあげよう」と手に取ってレジへ向かうのは、あなたの中に「Under promise, over delver.」の美しい精神が宿っているからなのです。

45.

「自分が自分の最大のサポーターだ」

I am my own biggest supporter.

Speaker unknown

仕事に恋に積極的なクリスティーナと出会ったのは、ビジネスエキスポで開催されていたフリーセミナーでした。私は下調べもせず時間が合うからとフラッと入ったのですが、彼女はこれを受けるために、遠方から会場に来ていたのです。

隣りの席に座っていた彼女は積極的に質問してノートを取っていて、そんな彼女の姿勢から、私はセミナーよりも多くを学びました。

いつも前向きで元気な彼女はポジティブなエネルギーに満ちあふれています。

ある日「なぜそんなに元気なの？」と質問してみました。すると彼女は「私には心強いサポーターがいるから」と言いました。

てっきり頼りになるボーイフレンドのことだと思ったら、クリスティーナは**「サポーターは自分自身だよ」と、自分が自分の一番のサポーターになることの大切さを教えてくれた**のです。

こんなにがんばっている自分を誰もわかってくれない、応援してくれない、褒めてもくれない……。こんなやるせない気分に包まれることもありますよね。

こんなとき、「自分の一番のサポーターは自分だ」と気づければ、周囲からの評価や応援がなくてもがんばれます。

褒めるのは自分、認めるのも自分です。自分の本当のすばらしさを誰よりも知っているのは自分自身なのです。

パートナーや両親、家族でさえ気づかないほど、あなたはすばらしいものです。

それを知ってこそ、底力がわいてきます。これが一番ですよ！

46.

「どんな計画であれ、
重要なのはあなたの信念である。
信念なくして、
結果を出すことなどはありえない」

ウィリアム・ジェームズ
（アメリカの哲学者／1842〜1910）

In any project the important factor
is your belief.
Without belief,
there can be no successful outcome.

William James

信念とは「自分を信じる」ことです。

でも、自分を信じたことが間違いで、困難や失敗に見舞われ何もかもうまくいかないこともあるでしょう。

それでも、**自分を信じ続けることが信念**です。試行錯誤を繰り返し、自分なら越えていけると自分を信じるのです。

❖ブレない道しるべを心に持って

あなたが何か新しいことに挑戦しようとするとき、すべての人が理解し応援してくれるとは限りません。

近い存在の人ほどあなたを心配し、引き止める場合があります。愛する人にリスクを背負わせたくないと考えてしまうのも愛の仕業です。

そのせいで、前向きにがんばりたいのに一方的なネガティブな意見ばかり届くこともありますが、信念さえあれば、それらをはねのけてスタートできます。

「信念」はあなたの道しるべであり、北極星です。いつもそこにいてくれるから迷わず進むことができ、どんなときも目的地に向かって進む自分を見守ってくれる存在です。

進む道に悩んでいたり、何をしたいのかわからない場合は「私の信念は何だろう？」と考えてみましょう。きっと何かが見えてくるはずです。

私の信念は**「誰かの小さな役に立つ」**です。この信念は私の仕事、生き方、そして私自身を通して成り立っています。

あなたの信念は何ですか？

47.

「一生心に残るのは
ささやかな思い出」

*It's the little memories
that will last a lifetime.*

Speaker unknown

大きな思い出もいいものですが、ささやかな思い出もいいものです。たとえば桜を見ると、母親と散歩がてらにお花見したあの日がよみがえり、いっしょに写真を撮ったそのときの情景や会話が懐かしく思い出されたりしますよね。

私にも、いつまでも心に残っているささやかな思い出があります。夏に帰国した際、母と夜の散歩をしていると、河内音頭《かわちおんど》が聞こえてきました。すぐ角の小学校のグラウンドで、人々が盆踊りをしています。

お財布を持っていないことを悔やみながら出店をのぞき、椅子に座って踊る人たちを楽しそうに見つめる母の横顔。「来年はお財布を持ってこようね」と約束しました。

母とはお洒落をして素敵なレストランへ出かけたり、海外旅行もたくさんいっしょに行ったのに、なぜかこんなささやかな出来事のほうがずっと心に強く残っていて、思い出すたびに幸せな気持ちに包まれるのです。

❖カメラではなく心に残るシーンを大切に

一生の思い出には大きなことが必要だと考えがちですが、大きさは関係ないのですよね。

いつまでも心に残るのは、心が惹きつけられたこと、心底大笑いしたこと、感動して涙が止まらなかったことなど、日常の些細なワンシーンです。

　昨今は、写真を撮る目的が「思い出のためではなく、インスタグラムなどＳＮＳにアップするため」に変化してしまいました。

　こんな時代だからこそ、四季の美しさ、風の音や新緑の香り、**いっしょに過ごした二度と戻れない時間の中にある思い出のワンシーンを心に残していきましょう。**

　未来の地点にたどり着いたとき、自分の心の中にたくさんのささやかな思い出があることは、かけがえのない幸せです。

48.

「世界を見ること、
待ち受ける危険、
壁の向こう側を見ること、
近くに引き寄せること、
お互いを知り、感じること、
それこそが人生の目的！」

映画『LIFE!』（2013）より

To see the world,
things dangerous to come to,
to see behind walls, to draw closer,
to find each other and to feel.
That is the purpose of life.

Movie "LIFE!"

世界中を感動の渦で包んだベン・スティラー主演の映画『ＬＩＦＥ！』。
ニューヨークのライフ社に勤める主人公ウォルターは、何ひとつ代わりばえしない退屈な毎日を過ごしています。そんな彼がライフ誌最終号の表紙を飾る大切な写真のネガがないことに気づき、一大決心をしてカメラマンを探す旅に出発します。そして、そこで波乱万丈の出来事に遭遇しながら自分の人生を一変させていく物語です。

変わりたいのに変われない、毎日同じことの繰り返しが退屈で嫌だけれど、そこから抜け出せない。ずっとこのままが続く恐怖を感じてはいるけれど、行動が起こせない……。
そんなときに「私の人生の目的って何だろう？」と考えても、答えは浮かんでこないものです。

考えるだけでは答えが見つけられないのが人生です。**自分で殻を破って飛び出**

さないと答えは見つけられないと、この映画は教えてくれました。

それは決して大きな行動という意味ではなく、**「行動を起こす」**こと。**その行動は誰のためでもなく、自分の幸せな人生のためにするもの**です。

人生の目的が見つかれば、単調な毎日も退屈な気分も一変し、心満たされた毎日に自分でしていけます。

たった一度の自分だけの人生、思いっきり生きていきたいですよね！

おわりに

心にしみるクオモ知事の言葉を胸に

２０２０年3月、コロナウイルスの影響で24時間眠らない街・ニューヨークが都市封鎖されました。毎日６００人が亡くなり、情熱やエネルギーに満ちた大都会で躍動的に生きていた人々が不安、悲しみ、絶望の淵に立たされたのです。

多くの人が仕事を失い、将来どころか明日の生活の目途さえつかない状況に陥りましたが、こんなときだからこそポジティブでいよう、感謝しようといった前向きな気持ちに包まれました。

ニューヨーク州のクオモ知事は毎日、州民に向けスピーチをしてくれました。

その中で私が忘れられない、涙が流れた言葉があります。

「今、ほんの少しの気品（a little gentility）が求められるときでもあるでしょう。あなたが誰かとすれ違う際、笑顔で微笑みかけるときなのです。誰かの言葉にう

なずくときなのです。『こんにちは』と言葉をかけるときなのです。また、忍耐が求められるときでもあり、小さなことにイライラしてはなりません。これこそが、ニューヨークの素晴らしさなのです」

誰かを元気づける行いは、自分のネガティブさを払いのけ幸せにしてくれます。どんなときも**「ほんの少しの気品」**を忘れず、笑顔で人生を歩んでいきましょうね！

最後に、いつも応援してくれる私の父と母、そして本書をいっしょに作り上げてくださった廣済堂出版の江波戸裕子さん、ありがとうございました。
そして、本書を最後までお読みくださった皆さま、いつも私を応援してくださっている皆さまに、心からの感謝を込めて。

２０２０年９月　ニューヨークにて　エリカ

エリカ（Erica Miyasaka）

世界一生きるのが厳しい街と言われるニューヨークで、夢の実現に向け、強く美しく生きる起業家。

日系、外資系企業にてビジネスの土台を築き、2003年に単身ニューヨークへ。ファッションコンサルタントのパートナーとして仕事に携わりながら自分らしく、自分の人生を生きる大切さを学ぶ。

2010年、ニューヨークで起業、新機能レッグウエアを開発、日米にて意匠権3つを取得。グローバル展開を果たす。

2017年、ブランドを売却しエグジットを果たす。起業家として次なる事業の立ち上げに着手している。

『ニューヨークの女性の「強く美しく」生きる方法』(大和書房) など著書多数。

★ エリカブログ　https://ericablog.org/

★ アメーバブログ　https://ameblo.jp/ericainstyle/

★「輝く自分」の転職メディア　https://www.tenshoku-bird.com/

★ Twitter　https://twitter.com/ericamiyasaka

ニューヨーク流 ポジティブに生きる方法

2020年10月2日　第1版第1刷

著者　エリカ

発行者　後藤高志
発行所　株式会社廣済堂出版
住所　〒101－0052　東京都千代田区神田小川町2-3-13　M&Cビル7F
電話　03－6703－0964（編集）
　　　03－6703－0962（販売）
FAX　03－6703－0963（販売）
振替　00180-0-164137
URL　https://www.kosaido-pub.co.jp

印刷所
製本所　株式会社廣済堂

ISBN978-4-331-52309-4　C0095